管理就是用好你身边的人

激励员工的9大原则和50个对策

杨大川◎著

中国经济出版社
CHINA ECONOMIC PUBLISHING HOUSE
·北 京·

图书在版编目（CIP）数据

管理就是用好你身边的人：激励员工的9大原则和50个对策／杨大川著．
—北京：中国经济出版社，2018.9
ISBN 978－7－5136－5315－2
Ⅰ.①管…　Ⅱ.①杨…　Ⅲ.①企业管理—人事管理—激励　Ⅳ.①F272.923
中国版本图书馆CIP数据核字（2018）第187266号

责任编辑　海　毅　高晓晔
责任印制　巢新强
封面设计　任燕飞设计室

出版发行　中国经济出版社
印 刷 者　北京力信诚印刷有限公司
经 销 者　各地新华书店
开　　本　710mm×1000mm　1/16
印　　张　14.75
字　　数　196千字
版　　次　2018年9月第1版
印　　次　2018年9月第1次
定　　价　58.00元
广告经营许可证　京西工商广字第8179号

中国经济出版社　**网址** www.economyph.com　**社址** 北京市西城区百万庄北街3号　**邮编** 100037
本版图书如存在印装质量问题，请与本社发行中心联系调换（联系电话：010－68330607）

前言

激励是最好的管理

用好身边的人，对管理者来说，并不是一项简单的调度工作。如果只对员工实行约束式管理，员工看似服服帖帖，工作有板有眼，实际上却限制了员工的创新和发展能力。可以说，只有激励，才是最好的管理，既能督促员工按部就班执行管理指令，确保工作不走偏，又能最大限度地发挥员工的自身潜力，工作效率和效益都会获得保障。

麦当劳是全球著名的快餐连锁企业，在全球拥有多家连锁店面，员工众多。麦当劳之所以能够提供统一而专业的服务水平，在激烈的市场竞争中始终充满活力，其高超的管理水平和科学的激励机制是重要原因。

第一，永远向上的高枝。在大部分企业中，人员结构都呈金字塔型，管理层次越高，人员越少。但是，麦当劳却反其道而行之。麦当劳的人员结构体系更像是一棵圣诞树。在这里，你只要有足够的能力，就可以在管理层上升一个层次，成为上级管理层的一个分支，再上去又成一个分支，这样员工永远都会有晋升的机会。

第二，付出一定有回报。麦当劳非常看重员工的付出程度，并且有完善的制度保证员工只要付出努力必然会有相应的报酬和晋升机会。在这样的情况下，很多员工都会自动自发，在用餐高峰时会提前上班、推迟下班，却依然对工作充满干劲。

第三，职位与酬劳公开化。为了激励员工，麦当劳将员工的职位与酬劳进行了最大限度地公开。在麦当劳的办公室，有一张公告板，公告板的左侧是“职位和工资”，写着餐厅所有工作人员的姓名和职位，职位分为A级组长（ASW）、组长（SW）、接待员（STAR）、接待员（TR）、见习员（TN）等，还用英文字母A、B、C代表计时工作人员的等级。在工资栏中，通常用的记载方法是以C级为基准，组长的工资是C级的1.25倍，A级组长的工资是C级的1.5倍，而且一年可以分得两次红利。

第四，职位晋升不受限制。在大部分企业中，员工的职位晋升受一定程度的限制，基本上晋升到某个职位就“到此为止”。在麦当劳，只要员工有能力，为企业做出了贡献，就可以不断上升，并且职位没有“天花板”。

第五，“多头评价”的评价制度。众多企业都在开展绩效考核，员工的薪酬与业绩直接与考核结果挂钩，所以，绩效考核是否公平对员工来说至关重要。与其他企业不同，麦当劳在评价员工时采用了“多头评价”的评价体系，保证了业绩评价的公正与透明。

第六，积分激励制度。麦当劳的激励机制设计得很到位，管理者每天都会按照具体情况为每个不同岗位的员工制订目标，一旦达到目标，就可以得到公司内部的积分奖励。举例来说，麦当劳每隔一段时间都会推出促销活动，如果员工售卖的促销套餐数量越多，员工就会获得更多的积分，而这些积分是可以兑换奖品的。

第七，评选最佳员工。麦当劳每个月都会评选出当月的最佳员工，并且公示员工的名字和照片。这也是麦当劳激励员工的一种方式，鼓励大家向标杆学习。

通过上述七种激励方式的综合运用，麦当劳将激励机制渗透到员工管理的方方面面，最终建立起良好的管理模式，管理者有效用好身边的人不再是一大难题。

员工管理是一项非常复杂的工作，很多管理者都摸不着头脑，感觉很头疼，实际上员工管理也可以是一项非常简单的工作。管理是被动的，激励却是主动的；管理是要求员工去做，激励却是员工主动来做。当激励工作做到位，管理势必水到渠成，难题自然迎刃而解。

目录

恰当的激励是管理的关键所在。哈佛大学管理学教授詹姆斯曾经说过：“如果没有激励，一个人的能力发挥不过20%～30%；而如果对员工加以激励，一个人的能力则可以发挥到80%～90%。正确的激励可以更好地发挥员工的工作能力，提高员工的工作绩效。”员工激励需要贯穿于整个管理过程中，管理者首先要从日常激励做起。

第 2 章　布置安排：目标型激励激发员工热情

管理的一个重要环节就是给员工布置安排工作，确保员工在理解的基础上，将工作圆满完成。通过布置安排环节让员工以饱满的热情投入到工作中，高效率地完成既定的任务，管理者就需要对员工进行目标型激励。

第 3 章　委派任务：授权型激励挖掘员工潜力

每个人都有进取心，都希望成就一番事业。当一个人的职位越高、权力越大时，其掌握的资源自然越多，也就越有可能超出预期达成目标。给员工委派工作任务，如果能同时授予更多的权力，员工就会感到被重视，面对工作自然会投入更多的热情。

第 4 章　检查督导：竞争型激励提升执行效率

检查督导是管理者常见的工作场景。借助管理者的检查指导，员工间展开工作对比，更容易激发工作热情，并在竞争中相互学习，快速改正自身存在的问题，提升执行效率。

第 5 章　绩效考核：薪酬型激励坚定员工信心

所谓绩效考核，是指企业在整体战略目标下，运用一定的工作标准和业绩指标，对员工的工作过程以及工作成果进行评估，并将评估结果运用于管理工作中，为员工的岗位调整及薪酬设计提供指导。绩效考核要如实反映员工工作情况，再配合针对绩效考核结果的各类薪酬制度和奖励制度，那么做考核也不再是一个口号，而是真正落地生根、发挥实效了。

第6章　制度实施：示范型激励感染员工斗志

完善的管理制度是保证企业良好运营的重要手段。管理者采用示范型激励即榜样激励的方式，遵章守法，树立标杆，员工自然愿意效仿，在管理红线内高效执行任务、圆满完成目标，确保企业有序经营。

第7章　评价功过：奖惩型激励助力员工纠错

员工完成工作，管理者通常需要对其成果进行评价。如果员工表现良好，取得了一定的成绩，管理者需要奖励员工；如果员工在工作中出现失误，管理者也需要对员工进行一定的惩罚。通过奖惩型激励，可以让员工对自身工作有更加清晰的认识，奖他想要的，罚他害怕的，帮助员工实时纠偏。

第8章 晋升培训：发展型激励让员工尽力奔跑

当下，员工职业生涯规划已成为企业发展与员工个人价值实现的连接枢纽，是管理实践中的一项重要工作。每个员工都有发展的需求与欲望，都希望更上一层楼。管理者对员工实行发展型激励，通过尽可能地为员工提供晋升发展空间，让员工在职业生涯中看到希望，在提升自身工作效率的同时，为企业创造出更多的利润。

第9章 团队合作：股权激励让员工与老板站在一起

企业的整体运营效率离不开团队的精诚合作。以企业文化为根基，对员工实行有效而深刻的精神激励；同时，还要设计股权结构对员工实行超越其期望的物质激励，让员工与企业在同一战线上形成利益共同体。精神激励与物质激励相结合，激励效果才能最大化。

第 1 章

日常管理：关怀型激励换取员工“忠心”

恰当的激励是管理的关键所在。哈佛大学管理学教授詹姆斯曾经说过：“如果没有激励，一个人的能力发挥不过 20% ~30%；而如果对员工加以激励，一个人的能力则可以发挥到 80% ~90%。正确的激励可以更好地发挥员工的工作能力，提高员工的工作绩效。”员工激励需要贯穿于整个管理过程中，管理者首先要从日常激励做起。

1.1 用自己的“真心”换取员工的“忠心”

现代企业管理强调以人为本。要对员工实行激励管理，首先要明确的一点就是要用自己的“真心”换员工的“忠心”。很多管理者在对员工实行激励管理的过程中都陷入了一个误区：他们认为对员工实行激励管理，就是要摆脱人事管理的传统，把员工当作人力资源来予以重视。实际上，这样的想法同样是错误的。虽然人力资源听起来比人事管理对员工的重视程度要高一些，但是仍然只是将员工当作一种资本在管理。这一过程中，同样把员工当成了可以利用的“器物”，管理者与员工同样处在一个不对等的关系中。如果总是以这种姿态对员工进行所谓的激励管理，同样无法换取员工的忠心。

想要通过对员工进行激励管理换取员工的“忠心”，就要把管理者与员工放在一个对等的关系中，平等相处，用管理者的“真心”换取员工的“忠心”。

给予员工足够的关怀

人都是感情的动物，管理者想要对员工进行激励管理，就要学会对员工进行感情投资，在平时的管理工作中，要给予员工足够的关怀。通过这样的方式，让员工感受到上级对自己的关心。很多管理者在平时管理员工的过程中，只是在口头上说要与员工打成一片，却并没有给予员工足够的关怀，导致员工仍然感觉自己与上司很疏远。如果管理者与员工总是处于这种疏远的状态下，那么很容易造成交流不畅，非常不利于获取员工的“忠心”。

例如，某家饭店的经理在对员工进行激励管理时，通过给予员工充分的关怀，逐渐拉近了自己与员工之间的距离，用自己的“真心”成功换取了员工的“忠心”。一次，一名员工在中午下班的时候不小心摔了一跤，在这名员工挣扎着想要站起来的时候，这个经理看见了，马上起身跑过去扶起员工，并关切地问道：“摔得重不重？要不要给你找辆车去医院看看？”员工看到经理这么关心自己，感激地回答：“不用，没事的。”而这个经理却说：“你看腿都摔破皮了，还是去餐厅上点药，歇歇再走吧。”经理小心地扶着她回到餐厅，然后就去找药，找到药后，又亲手替她抹上，还对她说如果不舒服，下午就不用来上班了，算公假。通过这件事情，这名员工真切地感受到了经理对自己的关心，逢人就夸经理人好，对员工很好，并且自己工作也变得更加卖力了。

通过这个经理对员工的做法，我们就可以看出，想要用自己的“真心”换取员工的“忠心”，起到激励员工的作用，就要在日常工作中给予员工足够的关怀。这需要做到以下三点，见图 1－1。

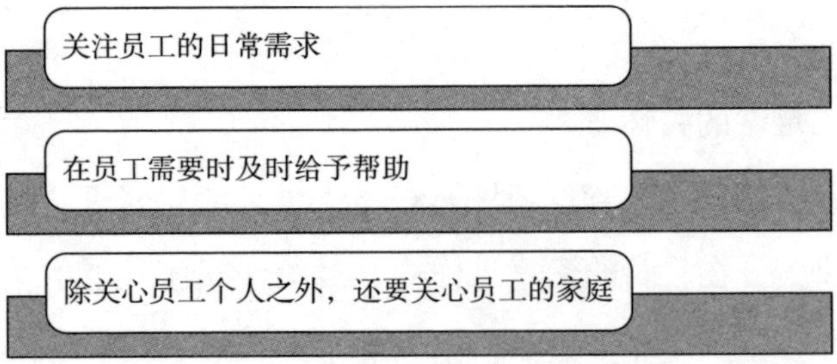

图 1－1　给予员工足够的关怀需要做到的三点

尊重员工

很多管理者在管理员工时，都没有做到尊重员工。而如果不尊重员工，就无法对员工进行激励。现在是一个追求个性的时代，每个人都渴望被尊重。所以，在管理工作中，以往那种把员工当作工具、封建家长式的管理方法已经不再适应现代职场。取而代之的应该是依据双向选择的原则，充分尊重员工。通过尊重员工，能够让员工感觉到自己被尊重，从而加深对企业的好感度，最终实现激励员工的目的。

A 公司是一家广告公司，日常经营中，仍然在使用以前的管理方法，并没有做到充分尊重员工。在 A 公司中，当员工把工作做好了，上司不会及时表扬员工，而是认为这是理所应当的；当员工在工作中出现失误时，上司就会不分青红皂白，随意当着全体员工的面责骂该员工；在平时的工作中，上司对下属经常爱答不理，甚至将下属当成生活上的保姆，让员工帮自己买饭，或者做其他的杂事。也正是因为管理者不懂得尊重员工，因此，虽然 A 公司的员工薪酬普遍高于同行业其他公司，但是员工的离职率仍然很高，有才能的员工都选择了跳槽。

通过以上案例，我们可以看出尊重员工的重要性。因此，只有在日常管理工作中做到尊重员工，让员工感觉到有尊严，才能提高他们的工作积极性，也才能真正达到激励员工的目的。在日常管理工作中，要做到尊重员工，就需要做到以下三点，见图 1－2。

当员工做出成绩时及时表扬

员工在实际工作中，非常希望得到上司对自己工作能力的认可。所以，在对员工进行日常激励时，就需要做到在员工做出成绩时及时予以表扬。来自上司的表扬与认同，能够极大地增强员工的自信心和工作积极性。在日常

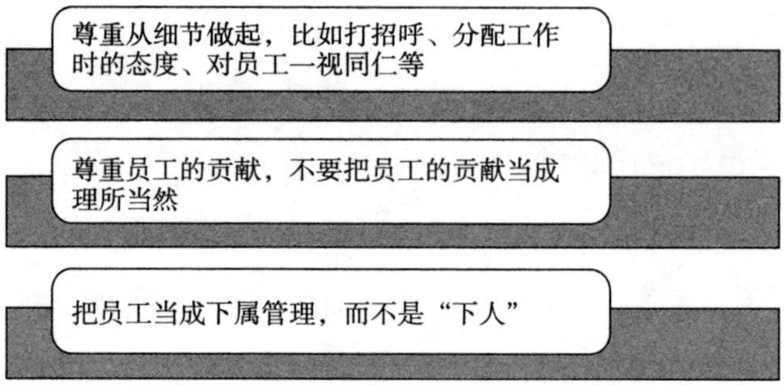

图 1－2　尊重员工必须做到的三点

管理工作中，及时表扬员工，能够在很大程度上实现对员工的激励。

张琳是一名销售经理，在平时的管理工作中，张琳非常注重通过表扬员工来达到激励员工的目的。当员工在工作中做出成绩时，哪怕只是将一件很小的工作做好了，张琳都会及时对员工进行表扬。员工在每次受到表扬时，都非常开心，并且增强了其工作的积极性。通过这样的方式，张琳达到了激励员工的目的。张琳的下属也都从张琳对自己工作能力的认可和赞扬上，感受到了张琳对自己的真心，从而工作更加努力，对公司也更加“忠心”。

在日常管理工作中，表扬员工需要注意以下三点，见图 1－3。

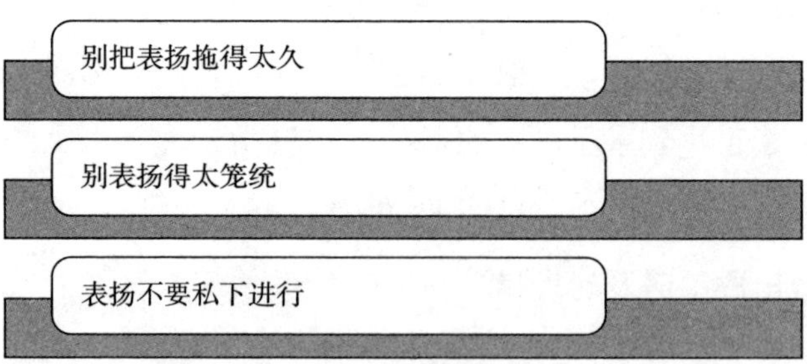

图 1－3　表扬员工需要注意的三点

1.2 与员工进行有效沟通

松下幸之助有句名言：“企业管理过去是沟通，现在是沟通，未来还是沟通。”有资料表明，管理者 70% 的时间都用在了沟通上。开会、谈判、谈话、做报告、对外拜访、约见等，都是最常见的沟通方式。另外，企业中 70% 的问题是由于沟通障碍引起的，无论是工作效率低，还是执行力差，抑或是领导力不强等，归根结底都与沟通有关。因此，提高管理沟通水平显得特别重要。管理者的真正工作就是沟通。不管到了什么时候，企业管理都离不开沟通。通过与员工进行有效沟通，可以时刻了解员工的心理动态，同时，让员工感受到上级领导对自己的重视与理解，从而达到激励员工的目的。

运用威尔德定理有效倾听

威尔德定理来自于英国管理学家 L·威尔德的一句十分经典的名言——人际沟通始于聆听，终于回答。一个能够做到有效倾听的管理者，往往能够通过倾听从下属那里获取信息并对其进行思考。能否有效准确地倾听，将直接影响管理者的决策水平和管理成效。倾听是实现与员工有效沟通的前提。要想实现与员工的有效沟通，首先就要做到倾听员工的声音。

柳林是一家公司的销售部经理，为实现激励员工的目的，柳林总是利用休息时间与员工沟通、谈心。在这一过程中，柳林非常注重倾听员工的意见。在与员工沟通时，与其他管理者总是向员工输出自己的意见不同，柳林更多的是在安静地听。听员工诉说自己在工作中取得的成绩，存在的疑问，以及对于今后工作的一些想法。在倾听员工诉说的过程中，柳林对每一位员工都有了更深入的了解。当员工说完之后，柳林会就员工所说的内容与员工沟通，并适时适当地提出自己的意见，以帮助员工更好地改进自己的工作，并解答员工的疑问。通过这样的沟通方式，员工不仅表达了自己的意见，并且通过倾听，也使得管理者对员工有了更充分的了解，从而更加有利于管理者采用正确的方式方法去激励员工。

通过柳林在管理工作中的做法，我们可以看出倾听在沟通中的重要性。但是，很多管理者并不能真正做到很好地倾听。在与员工沟通的过程中，总是习惯于向员工输出自己的意见，或者在员工说话时不认真听，最终导致无法正确、全面地理解员工的意思，只是按照自己的想法去理解，使沟通成了一个“和自己说话”的状态。这种情况是无法做到准确理解员工的。因此，在与员工沟通的过程中，要做到真正地倾听，必须要做好以下几点，见图 1－4。

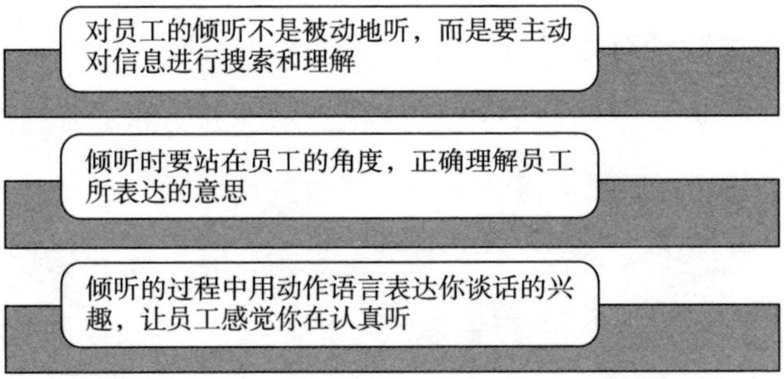

图 1－4　如何在与员工沟通的过程中真正做到倾听

变单向沟通为双向沟通

很多管理者在与员工沟通的过程中，仍然停留在单项沟通上。所谓的单项沟通，指的是在沟通的过程中，只是管理者在向员工传达命令，表达自己的意见，而员工在这一过程中，只是象征性地反馈自己的意见，并没有真正将自己的意见完整地表达出来。如果只是单项沟通，那么作为管理者，是无法实现对员工深度了解的，并且，时间一长，必然会挫伤员工的工作积极性和归属感，也就无法通过沟通达到激励员工的目的。

某家广告公司的设计部经理，在与员工沟通的过程中，没有认识到沟通的真正意义，在沟通时不注意与员工进行双向沟通，而是只停留在单向沟通的形式上。所谓的与员工沟通，只是这个经理对员工的个人工作表现进行表扬或者批评，而员工只能附和说：“是，您说得对。”这样的沟通，看似是在和员工沟通，实际上仍然是这个经理的“一言堂”，员工并没有表达自己的意见。所以，这样的沟通是毫无意义的，不仅起不到激励员工的作用，而且久之必然使得员工缺乏存在感，感觉自己不受重视，影响公司的进一步发展。

所以，管理者要想实现与员工的有效沟通，就要把单向沟通变为双向沟通，做到以下三点，见图 1－5。

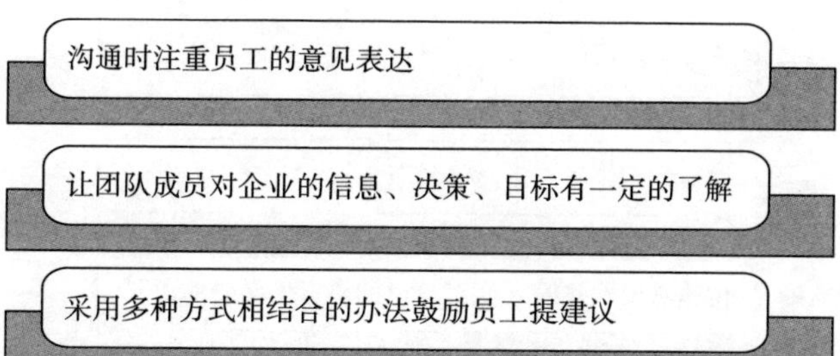

图 1－5　把单向沟通变为双向沟通需注意的三点

针对不同的员工使用不同的语言

即使在同一个组织中，不同的员工往往也会有着不同的年龄、教育以及文化背景，这就可能使他们对于相同的话会产生不同的理解。除此之外，由于专业分工不断深化，不同的员工可能会有不同的“行话”以及技术用语。这些都是影响沟通质量的因素。所以，要想与员工有效沟通，就要在沟通的过程中，针对不同的员工使用不同的语言，从而保证每一个员工都能正确理解自己的意思，最终实现有效沟通。

周立在一家广告设计公司任生产部主管。在与下属沟通时，周立非常注意和不同的员工使用不同的表达方式。例如，与工作团队中年纪较大的员工沟通时，周立会着重用一些较为专业的语言与其沟通，并且会通过沟通增加员工的责任感；而对于年龄较小、工作经验较少的员工，周立就会着重帮助其讲解工作中存在的问题，帮助其树立工作目标，并尽量用较为直白的语言进行沟通，让其能够完全听懂自己的意思，进而在工作中更快地进步。就这样，通过对不同的员工使用不同的语言，周立实现了与员工的有效沟通。

针对不同的员工使用不同的语言进行沟通时，需要注意以下三点，见图1－6。

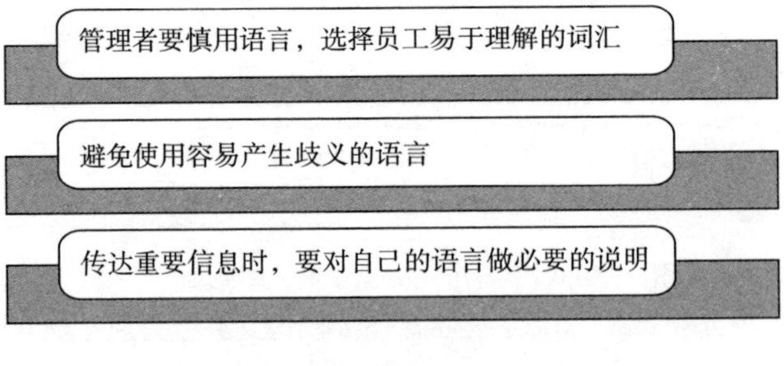

图1－6　使用不同的语言沟通时需注意的三点

1.3 根据一周工作节律图做日常激励

加拿大心理学家、麦吉尔大学教授德比·莫斯考维茨曾做过一个研究，根据人一周的行为规律画出了一幅一周工作节律图。她认为，星期一到星期五，工作节律大不相同，一周的前半段，人的精力旺盛，态度和行为比较激进；一周的后半段，人的精力逐渐下降，却也变得更通融。管理者要想对员工实行日常激励管理，以取得更好的激励效果，就需要根据员工不同的情绪变化区别对待。以员工的一周工作节律图为参考标准，根据员工在每一天的不同工作状态，选择合适的激励方式，能够明显增强激励管理的效果。

星期一：以目标唤醒激情

作为一周工作的开始，有人说，星期一是心理和身体的双重过渡期。双休日之后，人体的生物钟往往还没有调节过来，一下子从休闲状态切换到工作状态，总感觉有很多的事情要做，却偏偏又丢三落四。伴随着疲倦、头晕、周身酸痛、注意力不集中的“星期一综合症”，一周工作的开始如此令人懊恼。可见，星期一不是埋头工作的好时间，这天最好是做些宏观性的工作，如分派任务、进行规划、设定目标等。

如果在星期一就要求员工必须马上进入工作状态，不仅无法实现，而且还会引起员工的反感。所以，在星期一，最适合激励员工的方式为“以目标唤醒激情”。这天，员工大都还沉浸在周末的休息状态没有完全恢复过来，不适合做烦琐、具体性的工作。在这样的情况下，给员工一个清晰明确的工作目标，不仅避免了让员工迅速进入到工作状态，还能用工作目标激起员工的工作激情，帮助员工尽快进入正常的工作状态。

星期二：以沟通凝聚团队

我们知道，在星期一，很多员工由于尚未完全进入工作状态，因此会选择轻松度过这一天。在这天，很多员工会选择与同事闲聊周末的趣闻，同时也逐渐调整情绪，进入工作状态。所以，在星期二，大部分的员工都已经走出了闲散状态，开始着手处理工作，安排一周的工作计划。同时，工作压力也会随之而来，工作量和压力水平都将达到峰值。调查显示，大部分员工会在星期二放弃午休时间，抓紧时间干活。所以，星期二又被称为“认命状态”。

由于很多工作在星期一并没有理出一个清晰的脉络，因此在星期二，很多工作还处于混乱状态，这时员工就很容易产生烦躁情绪。在这样的情况下，沟通就显得尤为重要。管理者通过与员工的沟通，可以帮助员工理清工作头绪，做好一周的工作计划。通过团队之间的沟通，可以加强团队凝聚力，为开展一周的工作打下良好的基础。

星期三：以欢乐冲去疲惫

星期三是一周的转折点，它延续了星期二的忙碌，员工也已经完全适应了忙碌的工作状态，所以，星期三的员工几乎可以和超人相媲美。同时，星期三处在一周工作日的正中间的时间结点上，上一个周末的快乐已经远去，而下一个周末似乎还遥遥无期，在这种心理状态下，员工仿佛陷到了工作泥沼中，情绪不免有些低落。

在星期三，员工很容易由于工作繁忙、工作压力大而产生疲倦感，从而降低工作效率。因此，针对这样的情况，在星期三，最适宜采用用欢乐冲去疲惫的方式来激励员工。在工作中，可以适当开展一些有趣的活动，帮助员工释放紧张的情绪和巨大的压力，在欢乐中减少疲累感，达到有效调节员工情绪，提升员工工作积极性的目的。

星期四：以辅导帮助员工成长

在经过了前两天高效率的工作、高强度的加班后，职场人士都已经身心俱疲，生理和心理都受到挑战，所以，通常有“周四倦怠症”一说。有人说，星期四属于黎明前的黑暗，就好比熬夜的人，凌晨四五点往往是最难熬的时候，跨过这道坎，便又海阔天空了。据德比·莫斯考维茨教授分析，星期四的时候，人的顺从性最高，最好说话，通融性也最好。因此，这时去拜访客户，其向你妥协的可能性最大，比较容易取得好的结果。

针对星期四的时候员工普遍具有倦怠情绪的情况，这时最适合的激励方式为“以辅助帮助其成长”。也就是说，通过给予员工工作指导，帮助其消除在工作中存在的问题，使其更加顺利地完成工作。当工作变得顺利时，员工的工作积极性自然会提高，从而达到激励员工的目的。

星期五：以关爱赢得尊敬

曾经有调查显示，星期五是人们工作效率最高的一天。这个结果好像有些出人意料，原因是有些人可能以为，星期五之后就是双休，人们容易因此而提前放飞心情，使得自己没心情干活。但事实并非如此，这就像你手里拿着一张马上可以兑现并且由你自由支配的大额支票——今天下班后，意味着“漫长”的双休日开始了，于是你的心情也会随之变得欢快。由于完成一天的工作后，就可以结束紧张的工作，获得两天的休息放松时间，所以，通常在星期五这一天，员工们都会心情愉悦地卖力干活。即使是平时非常讨厌加班的员工，这时甚至也会忘我地投入到工作中。

针对这样的情况，在星期五，激励员工的最好方式就是“以关爱赢得尊敬”。在这一天，不再适宜给员工增加工作负担，而是应该给其一些关爱，这样会让员工感到被重视，工作积极性就会进一步提高，也会更加尊敬上级。如此，就可以实现对员工的激励管理。

1.4 用客观、宽容的态度对待员工

要在日常的工作中实现对员工的激励，除了上述所讲的方法外，还要用客观、宽容的态度对待员工。很多管理者在对员工进行日常管理时，不能用正确的态度对待员工，导致员工的工作积极性受到打击，以致影响工作效率。所以，要想实现激励员工的目的，管理者就要用客观、宽容的态度对待员工。众所周知，人无完人，每个人都有自己的优缺点，正确的用人之道，就是用人的长处，即让一个人的长处和优势得到充分的发挥，让一个人的短处和劣势得到有效遏制。“天下没有无用之人”，一个擅长用人的管理者，能让每个员工都发挥出自己的长处，尽己所能地为企业做最大贡献。作为企业的管理者，能够正确对待员工的所有优缺点，帮助员工在工作中最大限度地发挥自己的能力，是激励员工的最好方式。

发现并善用员工的长处

每个员工都有自己的长处。在工作中，帮助员工发现并发挥出自己的长处，以取得更多、更好的成绩，能够有效增强员工的自信心与工作积极性，从而达到激励员工的目的。而发现并善用员工的长处，就是要将对的人放到对的工作岗位上，然后鼓励他们充分发挥自己的能力，完成本职工作。

某化妆品公司的管理者在管理员工方面，有着自己独到的见解。这名管理者非常善于发现员工的长处，并将其长处用在合适的地方，帮助员工

找到适合自己的工作方向。通过这样的方式，员工提升了工作积极性，而该公司也达到了激励员工的目的。例如，有一次，公司销售部的一名销售员，由于性格内向，面对客户不敢向客户推荐、销售产品，所以一直无法提高自己的销售业绩。对于这种情况，这名员工感到非常苦恼，也缺少工作积极性。但是，这名管理者却发现这名员工虽然性格内向不适合销售工作，但是做事却非常认真非常适合做后勤工作。于是，他把这名员工调到后勤部工作。果然，由于这名员工工作非常认真、细致，在后勤部表现非常好，而且重拾信心后，工作积极性也有了明显的提高。

以上案例中的这名管理者，就是因为善于运用员工的长处，帮助员工找回了自信，提高了其工作积极性，从而达到了激励员工的目的。所以，发现并善用员工的长处，能够有效激励员工。要在管理工作中善用员工的长处，管理者需要做到以下三点，见图1－7。

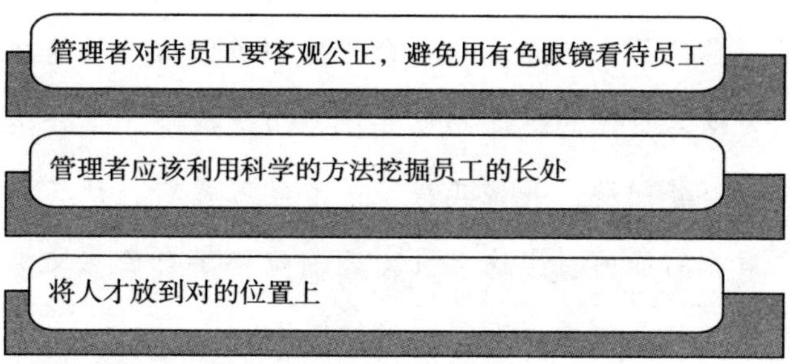

图1－7　善用员工长处需做到的三点

宽容员工的缺点

人无完人，每个人都会有缺点。如何对待员工的缺点，是一个管理者在管理、激励员工的过程中应该思考的问题。很多管理者认为自己既然花钱雇员工为自己工作，那么员工就应该在工作中表现得无所不能，将工作做到完美、无可挑剔。一旦员工在工作中表现出不足之处，管理者就会认为是员工的能力有问题，从而对员工或者爱搭不理，或者冷嘲热讽，甚至直接将员工辞退。这样的管理方式，既不利于公司的发展，也不利于员工自身的发展。

作为管理者，发现员工的缺点后，如果能够宽容对待，并且帮助员工弥补自己的缺点，那么不仅能获得员工的“忠心”，还会大大增强员工的工作积极性，从而实现对员工的激励管理。

某广告公司的经理在管理员工方面，对于员工的缺点与不足，表现得非常宽容，并且，还会帮助员工逐渐弥补自己的不足，提升工作积极性。通过这样的方式，这名经理达到了激励员工的目的，并且受到了员工的尊敬。例如，有一次，这名经理发现其中一个刚刚毕业的员工在撰写文案方面存在着很多不足。写一篇文案非常困难，甚至熬夜加班做出的文案也毫无亮点，显得平淡无奇。由于这方面的不足，导致这名刚刚毕业的员工一度怀疑自己的工作能力，并且逐渐对自己失去了信心。而这名广告公司的经理并没有因为这名员工的不足而放弃他，而是找了一个合适的时间与这名员工谈话，了解其问题，并帮其找了很多学习资料，让其能够通过学习提升自己的文案撰写能力。当这名员工逐渐弥补了自己在文案撰写方面的不足之处时，其工作积极性也有了明显的提高。

上述案例中，这名经理用宽容、大度的心态包容了员工的缺点，然后通过积极地与员工沟通，帮助员工提高了工作能力，同时使得公司整体工作效率也得以提高。

虚心向比自己能力强的下属学习

对于在某些方面比自己能力强的员工，很多管理者不能用正确的态度对待。一些管理者看到有的员工能力比自己强，就开始担心自己的职位不保。因此，会经常在暗地里打压这些员工。事实上，这种做法危害多多。首先，这样做不利于为公司留住人才；其次，会引起员工的不满，降低员工的积极性；最后，会给公司形成不良风气，造成公司重要位置被庸者占据，严重阻碍公司的发展。而管理者如果能够改变这样的不良心态，虚心向比自己能力强的下属学习，不仅能够赢得下属的尊重，还能够教学相长，学习下属身上的长处，以弥补自身的不足。

某位部门主管在日常工作中，对于工作能力强的下属，常常能够虚心向其学习。例如，有位下属做 PPT 的能力较强，掌握了很多 PPT 使用技巧。这位部门主管看到之后，并没有因为下属在某个方面的能力突出便想办法打压。而是在私下向该下属请教做 PPT 的技巧，提升自己在该方面的技能。如此，不仅下属认为上司虚心好学，对其更加敬重，该主管也掌握了更多的 PPT 制作技巧，提升了工作能力。

所以，要在日常工作中对员工进行激励管理，就要用正确的态度对待能力比自己强的下属，向其虚心学习。这样，不仅赢得下属的尊重，还能提升自身的工作能力，达到双赢的目的。

1.5 正确对待并清除团队“负能量”

“负能量”，在心理学上指的是能够迅速把人的心情拉低，让人消沉的情绪。长期被负面情绪包围，对人的身心健康有极大危害。在一个团队中，要想在工作中不断前进，不断战胜困难，就需要团队中始终有一种积极的“正能量”。所以，要达到激励员工的目的，就要正确对待并想办法消除团队中的“负能量”，减少“负能量”对员工的影响，达到提升团队士气，激发员工工作积极性的目的。

正确认识团队“负能量”

在工作团队中，即使表面上看是一池静水，但实际上早已暗流涌动。在一个团队中，各成员在情绪上会互相影响，而这些情绪又会直接影响到团队成员的工作状态与工作效率。并且，在工作团队中，“传染”最快的不是积极向上的“正能量”，而是那些让人消极倦怠的人和事。因此，当团队被“负能量”包围时，就会影响团队成员的工作积极性，降低工作效率。

在一个项目组中，有一名员工做事非常认真负责，工作积极，并且有一定的统筹规划能力。但是，这名员工却经常抱怨甲方没有按照合同履行义务，并且，经常抱怨其他同事工作能力差，与自己配合不好。工作中，虽然这名员工总是在积极推进现场的工作，甚至是顶着炎炎烈日加班加点，但是，却总是将“这个工作真的没法做了！””我真的不想做了，明天我一定要请假”这样的话挂在嘴边。也就是说，这名员工在工作中总是带着负面情绪，并且总是在发泄自己的负面情绪。虽然他在努力工作，但是他这种负面情绪却感染了其他同事，导致团队中的其他成员也无心工作，甚至在工作中感到烦躁。这样的“负能量”在工作团队中传染开，最终影响了整个团队的工作效率与工作质量。

上述案例中的员工存在于现实生活中的很多工作团队中。由于受“负能量”的影响，使得团队成员的工作积极性降低，影响了整个团队的工作。通常，团队中的“负能量”主要表现在以下几个方面，见图1－8。

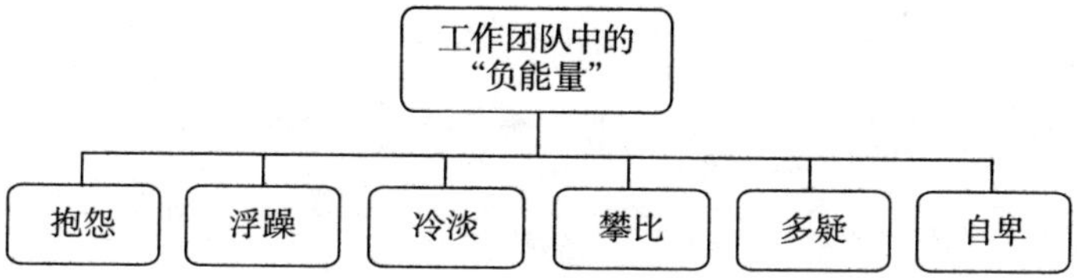

图1－8　团队中“负能量”的表现

消除团队中的“负能量”

受工作压力、工资待遇、晋升空间以及人际交往等多方面的影响，很多团队中都存在着不同程度的“负能量”，并且，由于“负能量”具有可传染性和可扩散性，如果不能及时发现并消除，轻则会导致团队成员心情不畅、同事之间关系不和谐、工作积极性不高等不良现象；重则会影响整个工作计划的实施。所以，在明确了团队中的“负能量”的类型之后，就要针对情况制订出相应措施，来消除团队中的“负能量”，以减少“负能量”对于团队积极性的影响。

消除团队中“负能量”的方式主要有以下几种。

方法一：在团队内部由上到下传递“正能量”

员工不可能突然有一天就充满激情，也不可能在一天之内完全改变成

"负能量"的状态，同时，"正能量"也不可能是无源之水。所以，要想消除团队中的"负能量"，让员工充满"正能量"，就要在团队内部由上到下传递"正能量"。作为团队的管理者，首先要充满"正能量"，并将自己的"正能量"传递给下属。通过这样的方式，才能激活员工的"正能量储存库"。当团队管理者以饱满的热情投入到工作中，脸上常常挂着微笑，行动果敢时，员工才会受到管理者正面情绪的影响，逐渐消除自身的"负能量"，从而被"正能量"所替代。

在一个团队中，管理者的工作状态对下属的影响很大。一个充满"正能量"的管理者，其下属通常也会同样充满"正能量"；而如果团队中的管理者"负能量"满满，在工作中诸多抱怨，那么下属也会被其传染，工作没效率，感到烦躁，充满"负能量"。所以，管理者的情绪对于下属的情绪影响很大，要想消除团队中的"负能量"，管理者就要用自身的"正能量"影响下属，进而让整个公司都朝气蓬勃，充满"正能量"。如此才能达到激励员工的目的。

方法二：从员工自身入手，帮助其消除"负能量"

消除团队中的"负能量"，除了管理者要以身作则，做出好的表率外，还要注意从员工自身入手，帮助其消除自身的"负能量"。主要表现在，在平时的工作中，管理者要注意观察团队中每个成员的工作状态和情绪，一旦发现团队中的某一个成员意志消沉，工作时提不起精神，或者怒气冲冲、充满焦虑等不良情绪，管理者都要在第一时间帮助这名员工消除"负能量"，以积极的态度投入工作。

通常，从员工自身入手，帮助其消除负能量的方法主要有以下三种，见图1－9。

从员工自身入手，帮助其消除"负能量"，是最直接有效的方法。管理者在使用这个方法时，要注意在平时的工作中，认真观察员工的心理状态和情绪。只有及时发现员工的情绪变化，才能更好地针对员工个人来消除其身上的“负能量”。

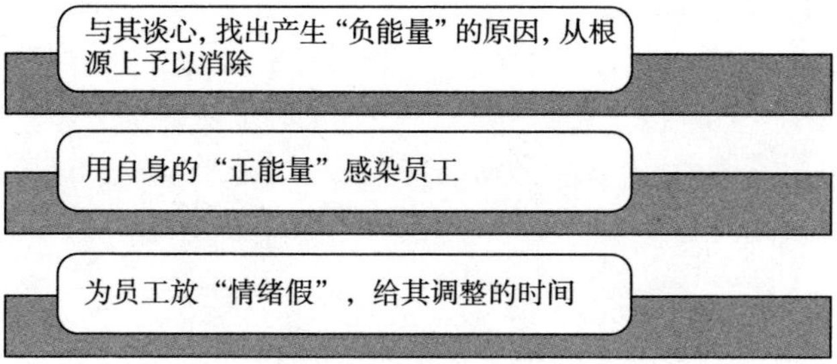

图 1－9　帮助员工消除“负能量”的三种方法

方法三：设立“情绪倾诉站”

员工之所以产生“负能量”，一定是由于长期的负面情绪积压所致。如果这些负面情绪无法及时排解，天长日久，就会产生更多的“负能量”，造成更大的影响。所以，清除团队“负能量”的一个有效的方式就是设立“情绪倾诉站”。所谓“情绪倾诉站”，就是供员工宣泄自己情绪的地方，当员工产生负面情绪时可以及时得到排解，从而避免“负能量”的积累和进一步产生。让员工都能以健康的心态投入到工作中，提高工作效率。

第 2 章

布置安排：目标型激励激发员工热情

管理的一个重要环节就是给员工布置安排工作，确保员工在理解的基础上，将工作圆满完成。通过布置安排环节让员工以饱满的热情投入到工作中，高效率地完成既定的任务，管理者就需要对员工进行目标型激励。

2.1 目标一致，员工的劲儿才能往一处使

目标激励就是通过目标的设置来激发人的动力，引导人的行为，使被管理者的个人目标与组织目标紧密地联系在一起，以激励被管理者的积极性、主动性和创造性。目标是行动所要得到的预期结果，是满足人的需要的对象。目标同需要一起调节着人的行为，把行为引向一定的方向，目标本身是行为的一种诱因，具有诱发、导向和激励行为的功能。因此，适当地设置目标，能够激发人的动机，调动人的积极性。在对员工进行目标型激励的过程中，最重要的一点，就是要保证团队成员们的工作目标一致。只有工作目标一致，员工的劲儿才能往一处使，也才能更好地完成工作。如果工作目标不一致，员工的努力方向不一致，则无法达成最初的工作目标。

找到目标不一致的原因，对症下药

在实际工作中，工作目标不一致的原因有很多种。只有深入了解了目标不一致的原因之后，才能对症下药，从而保证工作目标的一致性，为更好地实施目标激励打下基础。通常，工作目标不一致的原因主要有以下几种。

原因一：上情不能下达，下情不能上传。

工作中，要想保证工作目标始终一致，上级与下级之间的沟通是非常重要的。造成工作目标不一致的一个重要原因就是上级与下级之间没有实现良好的沟通，导致上情不能下达，下情不能上传。当下属不了解上级的工作意图，上级也不了解下属的实际工作情况时，就造成了信息错位，从

而导致工作目标不一致。

通常，企业中的上情不能下达，下情不能上传的现象，主要表现在以下二个方面，见图2－1。

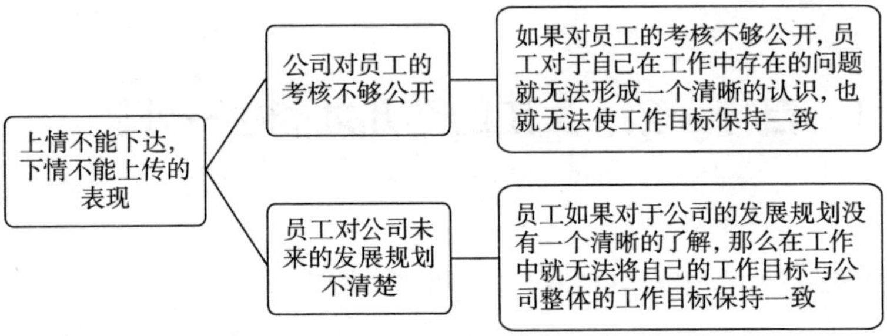

图2－1　上情不能下达，下情不能上传的表现

原因二：不同角色的人需求不同。

在工作中，每个员工都处在不同的工作岗位上，扮演着不同的角色，并且，由于所处的角色不同，导致每个员工的需求有明显的不同。例如，处在基层的员工，其需求大都是拿固定的工资，所以其在工作中的工作目标只是停留在完成自己分内的工作上；而公司领导者的需求则为实现公司更好发展，所以，其目标与下属相比，就会更加具有整体性、前瞻性。每个员工的工作需求不同，导致其工作目标不一致。不同角色的人的工作需求不同，主要表现为以下几个方面，见图2－2。

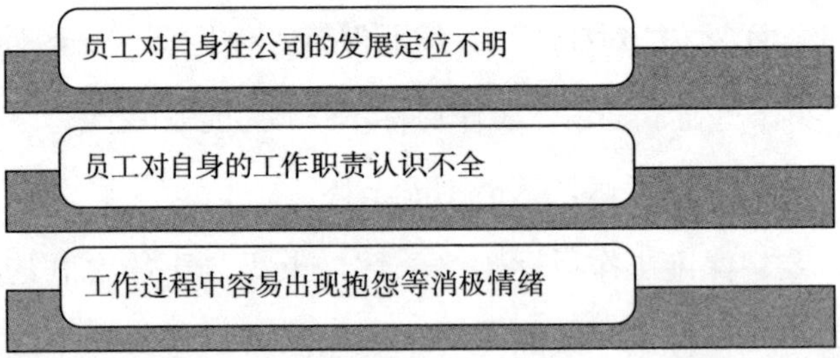

图2－2　不同角色的人工作需求不同的表现

原因三：员工对企业缺乏责任心和情感。

工作目标不一致的另一个重要原因就是员工对企业缺乏责任心和情感。如果员工对于企业缺乏责任心和情感，那么在制订自己的工作计划时，就只会考虑自身的工作需求，而不会从大局出发，让自己的工作目标与企业整体的工作目标保持一致。在这样的情况下，就非常容易出现工作目标不一致的情况。

如何保证工作目标一致

要想对员工实行目标激励管理，就要保持目标的一致性。当工作目标一致时，大家的努力方向才是一致的。当各个员工的努力方向一致，劲儿都朝一处使，就可以更加容易地达到工作目标。所以，管理者在对员工实行激励管理的时候，就要保证工作目标的一致性。通常，保证工作目标的一致性，可以通过以下方式实现：

方法一：加强上级与下级之间的沟通。

从员工目标不一致的原因中我们可以看出，造成员工工作目标不一致的其中一个重要原因在于公司上级与下属之间缺乏沟通，造成了信息沟通不畅，从而导致了在制订工作目标时的不一致。所以，要保证工作目标的一致性，就要加强上级与下级之间的沟通，保证双方信息的对称性。在制订工作目标时，上级和下级之间要相互交流、相互借鉴，从而保证制订工作目标的一致性。应用在实际的工作当中，加强上级与下级之间的沟通可以从以下三种方法入手，见图 2 -3。

方法二：给员工建立一个职业规划的平台。

从上文所述的工作目标不一致的原因中我们可以看出，造成工作目标不一致的其中一个原因，是由于员工所处的角色不同所引起的工作需求的不同。基于这样的情况，为保证工作目标的一致性，则需要给员工建立一个职业规划的平台。很多员工在制订自己的工作目标时，只考虑到了自身的需求，而没有考虑公司整体的工作目标。为解决这样的问题，可以给员工建立一个职业规划的平台。通过这样的方式，帮助员工制订自己的职业规划，将员工自身的需求与企业整体的发展保持一致。

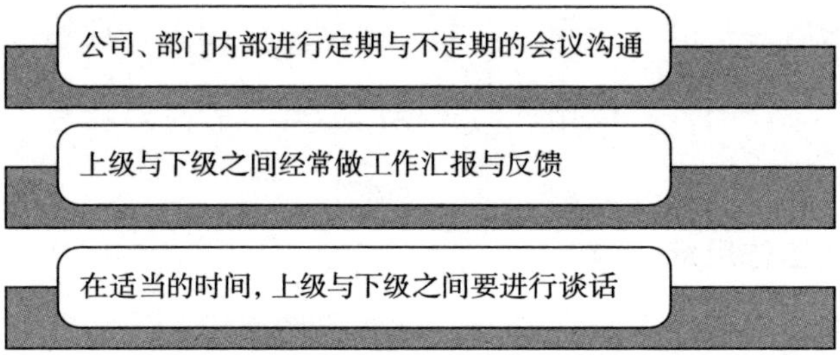

图 2－3　如何加强上级与下级之间的沟通

方法三：开展一系列的团建活动，增加员工对企业的情感。

造成上级与下级工作目标不一致的另一个重要原因，是员工对于企业缺少情感。所以，为保证所制订的工作目标的一致性，就要增加员工对于企业的情感。而要增加员工对于企业的情感，则可以开展一系列的团建活动。在团建活动中，增强了员工对企业文化的认识，并且加深了员工与员工之间、员工与上级之间的感情，可以有效提升员工对于企业的情感，从而让员工在制订工作目标时，能够自觉与企业的工作目标保持一致。

2.2 “请求”比“命令”更有人情味儿

命令，指的是发布指令，要求下属完成某项工作；而请求则是指向他人说明自己的要求，并希望得到满足。请求与命令相比，多了一些尊重，也多了一些人情味儿。作为管理者，在工作中经常需要给下属布置工作任务。如何用更加合适的语气给员工布置工作，让下属更易接受；如何通过布置工作达到对于下属的目标型激励，是每一个管理者都应该思考的问题。因此，在给员工布置工作时，如果能够将命令的口气转换为请求的口气，那么相信下属会更容易接受。

避免用命令口气导致员工工作敷衍

在实际工作中，很多管理者在给下属布置工作任务时，都采用命令的口气。这些管理者往往认为仅凭一己之力就可以完成所有的工作，所以在工作中总是目中无人。在与下属交往的过程中，无时无刻不想通过给下属下达命令来展示自己上司的身份，以期望可以从中获得满足和尊重。很多管理者都错误地认为，自己是领导者就能理所应当地命令下属，使其为自己服务。实际上，这样布置工作的方式是非常不可取的。如果总是以命令的口气向下属下达工作任务，那么只会引起下属的反感。当管理者用命令的口气下达工作任务时，下属就会感觉自己不被上司尊重，认为在上司的眼中自己低人一等，从而在工作中会产生逆反心理。这种指手画脚、发号施令、颐指气使、呼来唤去的方式，会严重伤害下属的心，遭到下属的反感，使自己变得越来越孤立。因为，上司用命令的口气下达任务，下属就会用敷衍的态度来应对工作。

皮特在一家公司的销售部门工作，由于工作业绩非常突出，皮特被公司升任为销售部经理。本来在工作中与同事关系非常好、待人处事非常随和的皮特，在升任为销售部经理之后，有些飘飘然了，因此工作作风大变。皮特在工作中变得热衷于发号施令，并且乐此不疲，对于自己给下属下达的命令，完全不容他人置喙。皮特在工作中，时时刻刻都在提醒下属他是经理。但是，本来与同事关系很好的皮特，却因为这样的行事作风引起了下属的反感。因此，对于皮特布置的工作，下属总是以一种敷衍的态度对待。一段时间以后，销售部门的总体销售业绩与之前相比下降了许多。

上述案例中，皮特对自己的下属呼来喝去，总是以命令的口吻要求下属做这做那，这样不但没有调动起下属工作的积极性，反而使得工作业绩下滑，这无论对于皮特之后的工作还是整个部门而言，都是有百害而无一利的。因此，尊重、平等地对待下属，以温和的口气对下属布置任务，是管理者必须学会并做到的。

用请求的口气让员工感觉到被尊重

在工作中，每一个人除了要通过工作获取相应的经济报酬之外，还需要在工作中获得应有的尊重与满足感。即使有上司和下属之分，但是其区别也只是表现在工作分工的层面上，上司比下属拥有更多的权力；但是，从人格方面而言，不论是上司还是下属，都是平等的。

如果上司在给下属布置工作的过程中，总是使用命令的口气，那么就会让下属感觉到自己不被尊重，而如果下属在工作中自尊心受到了伤害，那么就会对工作失去积极性。如果管理者能够用请求的口气给下属布置工作，下属就能够感觉到自己与上司是平等的，在这一过程中感受到了被尊重，对待工作则会更加积极。多用“请求”而不用“命令”的口气，对于管理者而言，不仅能够给予对方自尊，而且还能激发对方的自信心和积极性，从而积极主动、富有创造性地开展工作。即便在完成任务的过程中，管理者指出了不足，提出了自己的见解，下属也会乐于参考、接受和改正。可以想象，在这样的氛围中工作，一定会让人感到轻松而愉快。

所以，管理者在日常工作中给下属布置任务时，要尽量避免使用命令的口气，而应尽量使用请求的口气，这样会让下属在这一过程中感觉到被尊重，从而以更高的工作积极性投入到工作中，以达到激励员工的目的。

学会让说话的口气从命令向请求转换

在给员工布置工作的时候，与命令的口气相比，请求的说话方式更能够让员工感受到亲近与被尊重，员工对上司提出的要求就会更加容易接受。所以，为了更好地给员工布置工作任务，管理者就要学会让说话的口气从命令向请求转换，用请求的口气给员工布置任务。

命令与请求是两种不同的口气，在表达方式上有非常明显的区别。管理者要做到让说话的口气从命令向请求转换，需要注意以下几点：

第一，避免与员工说话时颐指气使。很多管理者在与员工交流方面存在一个误区，那就是他们认为自己是上司，对员工颐指气使是理所应当的，员工理应接受自己的这种语气。但是，实际上，没有人愿意听到别人对自己颐指气使，这是人的天性。听到这种语气，员工会在心理上感觉到不被尊重，从而降低自己的工作积极性。这与激励员工的目标是背道而驰的。所以，管理者在跟员工说话时，要避免使用颐指气使的口气。

第二，用建议的方式让员工接受要求。当管理者在对员工提要求时，想要不伤害员工的感情，引起员工的反感，就要改变自己说话的方式、方法。将命令变成对员工提建议，这样员工就能接受你的意见，并按照你的要求去做。

第三，间接指出员工的错误。当员工犯了错误，被上司直截了当地指出错误时，员工会感到没有面子，自尊心受到了伤害，进而产生逆反心理，开始拒绝上司的批评或者建议，这对于管理员工来讲，是非常不好的现象。所以，在员工犯了错误时，管理者要学会间接地指出员工的错误，维护员工的自尊心。

2.3 与员工共同制订目标，让员工感觉备受重视

制订合适的工作目标，对于提升工作效率、实现企业的整体战略规划具有重要意义。所以，制订工作目标是一项非常重要的工作。由于工作目标的最终执行者是员工，因此，在制订具体的工作目标时，管理者应该尽量让员工参与进来，与员工共同制订工作目标。如果工作目标仅仅由管理者制订，员工只是执行者，那么则有可能出现所制订的工作目标不符合实际情况，缺乏可行性；或者是员工对工作目标理解不透彻，执行不到位。出现上述两种情况中的任意一种，都会对整体的工作效率产生非常不利的影响，进而导致工作目标无法完成。因此，企业在制订工作目标时，要让员工参与进来，这样不仅能够保证工作目标的可行性，还可以让员工感觉到自己被重视，进而提高工作积极性。

与员工沟通，让员工了解整体工作目标

要让员工参与具体工作目标的制订，为了保证员工意见的正确性，首先要让员工充分理解整体的工作目标要求，以便在制订自己的具体工作目标时，做到时刻以企业的整体目标与利益为前提。所以，在与员工共同制订具体的工作目标之前，管理者要与员工进行充分的沟通，对员工讲解企业的整体要求，保证员工能够充分了解企业整体的工作目标和战略要求。

约翰是一家电子产品公司的销售经理，除了管理销售部日常的工作之外，约翰还要为每位员工制订具体的工作目标。为了保证工作目标的可行性，约翰总是与员工共同制订具体的工作目标。在制订工作目标之前，约翰会首先将公司整体的工作目标与战略规划向各个员工传达，让每个员工都能充分理解公司整体的工作目标与战略规划。在这样的前提下，再与员工共同制订具体的工作目标。

由于员工事先已经充分理解了公司整体的工作目标与战略规划，所以，员工在参与工作目标的制订时，所发表的意见都能够符合企业的整体要求，从而保证了个人工作目标与企业整体工作目标的一致性。

组织培训，教会员工目标设定的原理与方法

工作目标的制订，并不是随口说说，而是有一套系统的理论和方法。只有参照制订工作目标的具体方法，才能保证所制订的工作目标的正确性与可实施性。但是，由于企业中的基层员工普遍没有接触过目标制订这一方面的理论和方法，所以，在员工参与制订具体的工作目标之前，管理者还要组织相关的培训，教授员工一些目标设定的原理和方法。当员工学会制订目标的原理与方法后，在制订目标时，就会更加有技巧，并具有系统性，从而保证了所制订的工作目标的质量。

艾米是一家互联网公司的中层管理人员，在制订工作目标时，艾米总是让员工参与具体工作目标的制订。最初，艾米在让员工了解了公司的发展要求与整体目标之后，就让员工自行制订一些工作目标，然后再一起开会商讨。艾米给了员工一周的时间制订工作目标，但是，最后当员工把自己的工作目标交上来的时候，艾米顿时傻了眼。因为每个员工所制订的工作目标格式非但不统一，而且表述非常混乱，根本没有办法用。看到这样的情况，艾米非常生气地问员工为什么用了整整一周的时间却把工作做成这样。看到上司生气，员工们连忙解释说："经理，我们已经很用心在做工作计划了，但是具体的方法我们都不懂，只能按照自己的理解把目标陈述出来。"

听到员工的解释，艾米恍然大悟：员工没有制订工作目标这方面的经验，所以才会做不好。为此，艾米请了专业的培训老师，在制订工作目标之前，给员工做相关的培训，让员工明白目标设定的原理与方法。当员工明确了具体的方法之后，制订出的目标就变得非常清晰了。

让员工根据掌握的方法自行制订目标

当员工了解了企业的整体要求与制订目标的具体方法之后，就可以进入制订目标的阶段。为了让员工充分参与，管理者可以在确定最终的工作目标之前，让员工根据已经掌握的方法自行制订一份工作目标，用于之后的商讨。

通过自行制订工作目标，员工可以在整个思考过程中，深入了解自己的工作需求，以企业整体的发展要求为依据，制订出系统的工作目标。通过这样的方式，一方面，给了员工独立思考的机会，让员工能够自主制订工作目标，并在这一过程中锻炼了工作能力；另一方面，由于员工已经制订出了非常全面的工作目标，在之后的商讨过程中，不仅可以避免很多不必要的问题，还可以充分发挥员工的意见。

管理者和员工共同讨论并确定目标

虽然让员工参与到工作目标的制订当中，但是，最终工作目标的确定者一定要是管理者。所以，当员工制订好各自的工作计划之后，管理者就要与员工共同商讨。在商讨的过程中，让员工充分发表自己的意见，然后管理者根据员工所阐述的观点，结合自己对工作要求的认识，最终制订出合适的工作目标。

2.4 “跳一跳，够得着”的目标让员工更有成就感

管理者要想通过目标激励达到对员工实行激励管理的目的，制订合适的目标是成功的关键。如果工作目标设置不当，不但不能达到激励员工的目的，还会影响员工的工作积极性。所以，给每一个员工设置合适的工作目标，是管理者实行目标型激励管理的重要方面。洛克定律为管理者给员工制订工作目标提供了非常重要的借鉴意义。洛克定律指的是当目标既是未来指向的，又是富有挑战性的时候，它便是最有效的。所以，管理者在给员工设置工作目标时，要设置员工“跳一跳，就能够得着”的目标，这样的工作目标更具可行性，也能够有效地提升员工在工作中的成就感，从而达到激励员工的目的。

设置需要“跳一跳”的目标激发员工的挑战性

给员工设置工作目标的目的，就是要给员工提供一个努力方向，从而使员工更加明确自己的工作内容与工作方向。一个合理的工作目标，需要能够给员工提供持续前进的动力，需要员工付出一定的努力才能够达成。只有这样，员工才能在完成工作目标的过程中有所收获。而对于企业而言，也才能达到激励员工、提升员工工作能力的目的。如果给员工设置的工作目标过低，员工不用努力就能轻而易举地达到，那么这样的目标对于员工而言就失去了激励作用。

艾米是一家外资企业的营销经理，在对员工实行激励管理的过程中，艾米非常注重给员工设置合适的工作目标。艾米给员工设置工作目标的标准是，要适当地高于员工自身的工作能力。努力完成超出自己工作能力范围的工作，才能最大限度地调动员工的潜力，帮助员工获得提升。当员工通过自身的努力，最终完成了较高的工作目标时，就会产生非常强烈的满足感，从而对工作变得更加积极，而艾米也通过这种方式，达到了激励员工的目的。

所以，管理者在设置员工的具体工作目标时，要注意将工作目标设置得稍高于员工的实际工作能力。员工为了达到工作目标，需要付出一定的努力。只有需要员工“跳一跳”才能完成的工作目标，才会真正激发员工的挑战心理，从而达到激励员工的目的。因此，管理者需要做好以下三方面的工作，见图 2 –4。

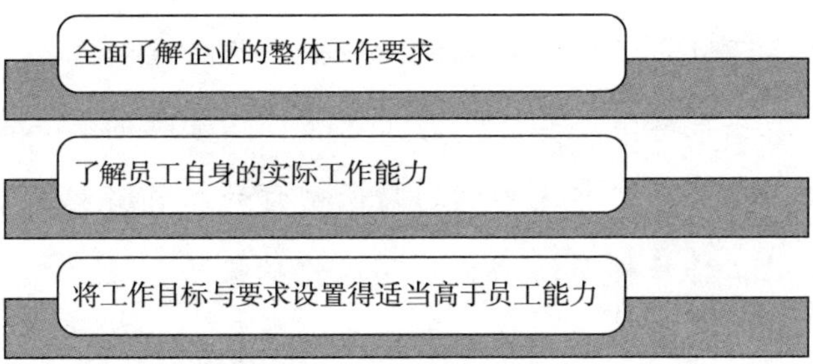

图 2 –4　设置工作目标需要做好的三个方面

用“够得着”的目标保证目标可行性

针对员工所进行的所有工作，其最终目的都是为了促进员工工作能力的提升。在对员工进行目标激励的时候，同样需要以提升员工工作能力为最终目的。所以，在给员工设置工作目标时，前提应该是保证员工通过个人努力能够最终完成所设置的工作目标。换言之，就是给员工设置的工作目标要具有可行性，保证员工在“跳一跳”后能够“够得着”。这样既能提升员工工作能力，又能达到激励员工的目的。如果设置的目标是通过努力都无法完成的，不仅不能提升员工的工作能力，时间一长，员工还会因为无法达到工作目标而对自身的工作能力产生怀疑，进而丧失工作积极性。很明显，这与企业制订工作目标的前提是相悖的。

约翰是一家公司的销售部经理，他想要通过目标激励来对员工实行激励管理。但是，由于工作目标设置不当，导致员工的工作积极性受到了严重打击。约翰在给员工设置工作目标时认为，只要给员工设置尽可能高的工作目标，员工就能够在想办法达成目标的过程中，迅速提升工作能力。所以，约翰给销售部的每个员工设置的工作目标都远远超过了员工的实际能力，即使员工非常努力，也不可能完成工作目标。

约翰甚至还做出了相关的规定，即如果员工连续 3 个月都没有完成工作任务，就要被辞退。在这样的情况下，销售部的员工每天都会加班加点地工作，但是，仍然达不到约翰所制订的工作目标。很多员工因为完不成既定的工作目标而逐渐丧失了工作积极性，还要担心自己 3 个月后被辞退。时间一长，有的员工由于承受不住巨大的工作压力而选择了自动辞职，还有的员工在工作中变得垂头丧气，工作业绩甚至低于实行目标激励之前。最后，销售部的很多人员都选择了离职。这使得约翰不仅没有达到激励员工的目的，还严重打击了员工的工作积极性，造成了人才流失。

之所以会出现这样的情况，就是因为约翰给员工设置了其“够不着”的目标。这样，在工作过程中，不但不能让员工获得成就感，还会让员工因为无法完成工作目标而感到沮丧，进而丧失工作积极性。

在实际的企业管理中，很多管理者在设置工作目标时，存在着与约翰类似的问题，将员工的工作目标设置得过高，揠苗助长，最终适得其反。所以，管理者在设置员工的具体工作目标时，要保证工作目标的可行性，避免打击员工的工作积极性。

2.5 缩短成果反馈期，给员工持续的动力

如果员工通过努力工作，最终看到了自己的工作成果，就会油然而生一种自豪感，进而使工作积极性大大提高。在实际工作中，如果员工长期看不到自己的工作成果，也就是工作成果反馈周期过长，那么员工就会逐渐丧失工作积极性，在工作中变得没有信心；而如果能够缩短工作成果的反馈周期，当员工工作一段时间后，就让员工看到自己的工作成果，则可以有效激励员工，给员工持续工作的动力。所以，缩短工作成果反馈周期，是激励员工的重要方式。

挖掘成果反馈期过长的原因并改正

管理者在激励员工的过程中，要尽量缩短工作成果反馈期，以达到激励员工的目的。为了有效缩短工作成果反馈期，首先要了解并挖掘工作成果反馈期过长的原因。只有找到了原因，才能对症下药，有效缩短工作成果反馈期。

艾米作为一名中层管理者，将激励员工、提升员工的工作积极性作为重要的工作来抓。但是，虽然艾米运用了各种激励方法，对员工的激励效果却始终没有什么显著的作用。为此，艾米利用业余时间，与工作团队中的每一个员工都进行了一次谈话，询问员工工作积极性不高的原因。

经过询问，艾米大致了解了各个员工工作缺乏积极性的原因。经过进

一步梳理和统计，艾米得知，员工之所以没有积极性，最主要的原因是员工在工作很长一段时间内都看不到自己的工作成果。大部分员工都希望自己的工作能够出成绩、出成果，看到自己的工作成果之后，他们才会感到自己的工作是有意义的。所以，工作成果反馈期过长，是影响员工工作积极性的最关键原因。

艾米在明确了员工缺乏工作积极性的具体原因之后，通过一些方法，缩短了各项工作的成果反馈期，使员工能够在较短的时间内看到自己的工作成果，进而激励他们以更加饱满的热情投入到下一阶段的工作当中。就这样，艾米通过缩短工作成果的反馈期，既激励了员工，提升了员工的工作积极性，又提高了企业的整体效益。

固定成果反馈周期，保证激励效果的持续性

缩短工作成果反馈周期对于激励员工具有非常重要的作用，很多管理者在管理员工的过程中，都开始注重缩短工作成果的反馈期。但是，结果往往仍然不如预期的那样理想。究其原因，在于工作成果反馈期虽然缩短了，但是并不固定。有可能第一次员工经过一个月的时间就看到了自己的工作成果，然后第二次工作了半年后才看到一些工作成果，第三次经过 3 个月才看到工作成果。这样随机的成果反馈期，严重影响了员工激励的效果。员工不确定自己什么时候能够看到工作成果的反馈，不仅无法提升工作积极性，还会在工作中容易产生不安定感，影响工作效率。所以，管理者在通过缩短工作成果反馈周期来激励员工的过程中，也要注重固定工作成果反馈期，以保证激励效果的持续性。

C 公司是一家著名的互联网公司，在激励员工方面，C 公司尽可能地缩短工作成果反馈期，让员工能够在短时间内看到自己的工作成果，从而认可自己的工作以及自己在工作中付出的努力，提高工作积极性。然而，C 公司虽然尽量缩短了工作成果反馈的时间，但是，工作成果的反馈期却并不固定，几乎每一次的成果反馈期中间间隔的时间都不相同。这样的情况，让很多员工在平时的工作中都不安心，总是想着什么时候能看到自己的工作成果。不仅使得工作专注度下降，而且工作积极性也随着时间的拉长变得越来越低。

为了改变这样的情况，C 公司决定将工作成果的反馈周期固定下来。这样，员工每个月月底都可以看到自己在这个月的工作成果，不仅增加了工作专注度，工作积极性也有了明显的提升。

避免盲目缩短工作成果反馈周期

缩短工作成果反馈周期，有利于激励员工，提升员工工作积极性。但是，为了保证工作的有序性，管理者要避免盲目缩短工作成果反馈周期。一些管理者仅仅看到了缩短成果反馈周期对员工所起到的积极作用，所以，不论实际的工作情况如何，一味地要缩短工作成果反馈周期。结果，使得工作成果的反馈周期扰乱了企业正常的工作秩序。

管理者缩短工作成果反馈周期，目的是要提高员工工作积极性，为企业创造更多效益。但是，如果一味地缩短工作成果反馈周期，反而会影响正常的工作秩序。所以，管理者要避免盲目缩短工作成果反馈周期。

第3章

委派任务：授权型激励挖掘员工潜力

每个人都有进取心，都希望成就一番事业。当一个人的职位越高、权力越大时，其掌握的资源自然越多，也就越有可能超出预期达成目标。给员工委派工作任务，如果能同时授予更多的权力，员工就会感到被重视，面对工作自然会投入更多的热情。

3.1 既要解放管理者，更要有效激励员工

授权激励，是指通过授予当事人更高或者更加重要的权力，以达到激励当事人、激发当事人潜力的目的，从而使其在工作中取得更加优异的成绩的激励方式。授权激励是激励管理中的一项重要内容。管理者通过对员工进行授权管理，将更多的权力授予下属，不仅可以提高员工的工作积极性，还能够将更多的工作责任从管理者身上分散出去，使工作责任能够落实到企业中的每一个员工身上。通过这样的方式，既解放了管理者，又达到了激励员工的目的，可谓一举两得。

分解企业工作目标，解放管理者

在实际的工作中，管理者通常担负着很多的工作责任与工作量，在这样的情况下，如果管理者要一个人承担繁杂的工作，那么不但会让管理者自身变得精疲力竭，还会由于在每项工作中所投入的时间与精力不足导致实际的工作成效并不乐观。在这样的情况下，如果对员工进行授权管理，就可以很好地解决这一现实问题。

在对员工进行授权管理之前，首先要将企业整体的工作目标进行层层分解。将整体的工作目标分为一个个小目标，并将每个小目标授权给员工，给予员工更多的权力，这就意味着员工同时也承担着比之前更多的责任。通过这样的方式，将企业的工作目标有效地分散给企业中的各个员工，将管理者从繁杂的工作中解放出来，使管理者能够将更多的精力专注

在企业整体运营的把控上面，从而使企业能够获得更好的发展。

某公司的营销部经理，由于在工作中对员工没有给予授权管理，导致自己在工作中常常感到力不从心。这位营销部经理认为，员工的工作能力都比较弱，如果对员工实行授权管理，担心员工无法将所授权的工作做好。因此，宁愿自己事事亲为，整天忙于部门琐事。也就无法抽出时间为部门的发展出谋划策。

在认识到问题的严重性之后，这位营销部门经理开始改变管理方式，尝试着授权给员工。结果，将权力下放后，员工感觉到自己受到了重视，同时也承担着更多的责任，为了不辜负上司的信任，于是他们个个都更加卖力地工作，整个部门都充满了蓬勃的朝气。这是部门经理没有预料到的，甚至有些后悔自己没有早点这样做。此后，他就从繁杂琐碎的日常事务性工作中解脱了出来，有更多时间对部门的整体运作和发展进行规划、把控，也让部门得到了更好的发展。

增加员工的自主性，有效激励员工

在对员工的管理中，通过授权的方式，授予员工一些权力，能够减少企业对员工的控制，让员工在一定的程度上摆脱对上司的依从，拥有更多的自主性，更有利于工作的开展。通过授权，让员工获得了更多权力的同时，也让其承担了更多的责任，这样就充分调动起了他们的主观能动性，自我管理能力也大为增强，工作效率必然大大提高。通过这样的方式，达到了激励员工的目的，使员工在工作中更加快速成长，也让企业的效益得以提高。

艾米在一家公司的营销部门工作，主要负责采购营销活动所需要的物品。由于工作能力强，艾米受到了上司的赏识。为了达到激励艾米的目的，上司决定对她实行授权管理。艾米的上司规定，艾米需要负责一场整体的营销活动，从营销活动的策划到实施，由艾米做主要负责人，并且有权力调用其他同事。艾米在接到了上司的通知后，工作积极性明显得到了提高。艾米认为上司之所以做这样的决定，是出于相信自己的工作能力，自己绝不能辜负上司对自己的期望。所以，艾米在工作中投入了更多的精力，甚至加班加点准备营销活动。通过艾米的努力，最终将营销活动举办得非常成功。而艾米在这一过程中，也进一步锻炼了自己的能力，工作有了更高的积极性。

对员工实行授权激励管理

管理者要想通过对员工实行授权管理以达到激励员工的目的，就要做到对员工的有效激励。通常，对员工的激励要讲求一定的方式方法。如果授权激励的方式不正确，不但起不到激励员工的目的，反而还会导致其他问题出现。

约翰是一家公司的财务部经理，想要采用授权给员工的方式来达到激励员工的目的。但是，约翰在授权的过程中，却并没有考虑方式方法，没有意识到财务工作的特殊性。原来，约翰将财务部的一些决策权授予了员工，导致财务部的一名员工趁机盗窃了公司的财产，给公司造成了巨大的经济损失，约翰本人也因为管理不当受到了处罚。

所以，管理者在对员工进行授权激励管理时，要做到正确授权。在授权之前，首先要清楚哪些权力是可以授予员工的。只有明确了该给员工授予什么样的权力，做到正确授权，才能起到授权激励的应有效果。通常，管理者可以授权的工作包括以下几项，见图3－1。

而不能授权给员工的工作主要包括以下几种，见图3－2。

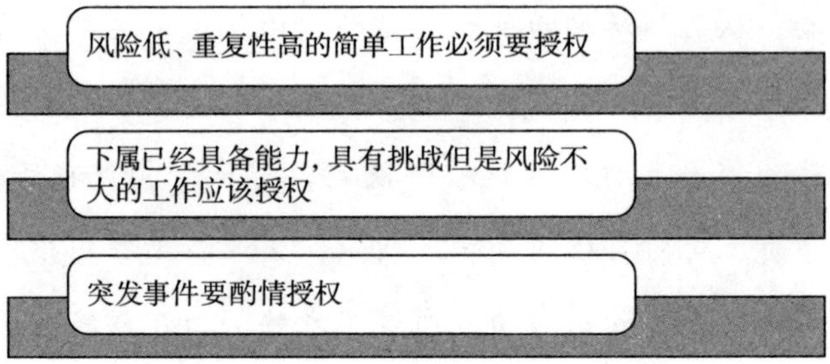

图3－1　可以授权给员工的几项工作

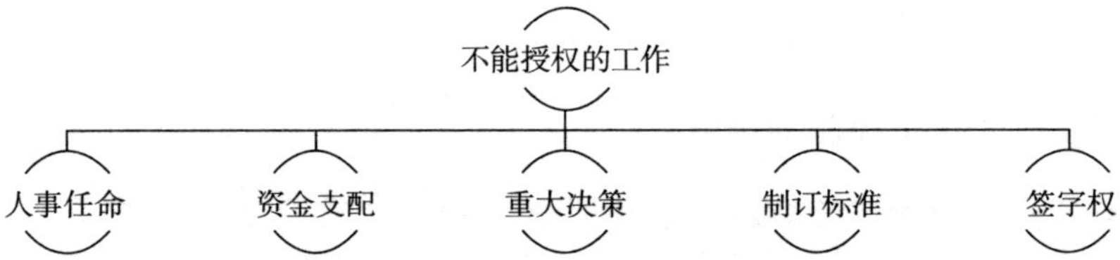

图3－2　不能授权给员工的几项工作

3.2 让“有为”者“有位”

授权激励要想达到效果，那么所激励的对象就应该是那些具有真本事的员工。通过对有能力的员工进行授权，可以最大限度地发挥其潜力，提高其工作积极性，进而更好地为企业服务，达到企业和员工的双赢。因此，管理者在对员工实行授权激励管理的过程中，选好、选对授权对象至关重要，以保证授权激励取得应有的效果。

选出人才，解决能力与职位不匹配问题

让“有为”者“有位”，对于管理者做好员工的激励管理工作具有重要的作用。其具体表现在以下两个方面。

第一，选出真正的人才。所谓让“有为”者“有位”，就是让有能力的员工获得更多的发展机会，给其提供最大化的发展空间，让其充分发挥出自己的潜能。通过授权给有才能的员工，一方面，可以实现对人才的激励管理；另一方面，还能通过让人才充分发挥其才能，给企业创造更多的效益。可谓一举两得。

第二，解决职位和能力不匹配的问题。在实际的职场中，很多企业并没有做到让“有为”者“有位”，而是存在一些员工个人的能力与其工作职位不匹配的问题。比如，一些工作能力不强的员工，可能依靠着“走后门”“打人情牌”等方式获得了较高的职位；而一些工作能力强的员工，却因为不善于钻营讨好，而不被重视，导致其职位与工作能力不匹配。企业一旦出现这样的情况，不但无法在企业内部形成一个良好的用人制度，还会使企业的工作效率低下，经济效益受损。所以，让“有为”者“有位”，不论是从企业发展角度而言，还是从激励员工方面考虑，都具有非常重要的意义。

某商贸公司，因为没有做到让“有为”者“有位”，使得员工的工作积极性非常低。例如，在这家商贸公司中，人员的职位高低不是以员工的工作能力为依据，而是以员工与上司的关系好坏来决定。那些工作能力差，但是懂得讨好上司的员工，通常手中都握有权力，并且都身处经理一级，而那些工作能力强，但是不屑于讨好上司的员工，则一直在基层，无法充分施展其能力。长期下来，这家商贸公司的经济效益日益下滑，且员工工作积极性很低，人员流动也非常大，严重阻碍了公司的发展。

通过以上案例，我们可以看出，让“有为”者“有位”，对于激励员工，保证企业的效益和发展的重要性。所以，管理者在对员工进行授权激励的过程中，一定要注意做到让“有为”者“有位”，只有这样才能有效激励员工，最终实现企业的良性发展。

明辨“为”和“位”，选准授权对象

管理者要想在授权激励的过程中做到让“有为”者“有位”，首先要能够准确辨别什么是“为”，什么是“位”。只有将两者进行明确的辨析之后，才能在授权激励的过程中，准确选择合适的授权对象。

通常，让“有为”者“有位”中所说的“为”指的是一个人在工作中的作为，换言之，“有为者”就是在工作中做出突出成绩的员工。对于这样的员工，就要对其进行授权激励。通过对其进行授权，使其在工作中拥有更多的权力。通过这样的方式，工作能力较强的员工在工作中就会有更多的工作自主性，也可以发挥自己的才华，最大限度地挖掘自身潜力，提高工作积极性。

而让“有为”者“有位”中的“位”，指的则是具体的权力和职位。对于“有为者”，在授权激励的过程中，要保证其有与自己能力相匹配的职位和权力。通过授权的方式，达到激励员工的目的。

在明确了什么是“为”，什么是“位”之后，管理者就要学会判断一个员工是否是“有为者”。通常，一个“有为者”需要具备以下几种素质，见图3－3。

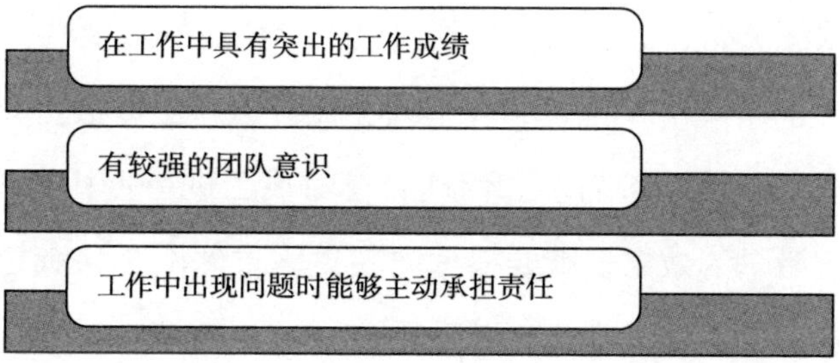

图3－3　一个“有为者”需要具备的素质

管理者在判断一个员工是否是“有为者”，是否可以作为授权对象时，可以按照图3－3中列举的内容进行判断。如果一个员工同时具有以上几种素质，那么这名员工则可以成为授权对象。而管理者通过对授权对象的准确判断，也可以让授权激励达到最好的效果。

树立正确的用人标准

在明确了授权对象与具体的授权内容后，为了真正实现让“有为”者“有位”，就要保证有一个科学、正确的用人标准。如果缺少正确的用人标准，那么，在授权的过程中，就很可能出现授权对象与授权内容不匹配的问题，从而影响授权的效果。

所以，管理者应该在授权的过程中，树立正确的用人标准。除此之外，还要建立正确的人才评价机制，真正通过授权实现“有为”者“有位”。

3.3 满足员工的“三重需求”

管理者想要在委派任务时用授权管理方式达到激励员工的目的，就要在给员工委派任务时，让员工感受到自己对于企业的重要性。戴维·麦克里兰的“三重需求理论”认为，一个人在社会中有三种重要的需求：成就需求、权利需求以及亲和需求。管理者在对员工进行授权激励的过程中，为了增强授权激励的效果，就要根据“三重需求理论”来满足员工，让员工感受到自身的价值，从中受到激励。

满足员工的成就需求

成就需求是三重需求中的一种。麦克里兰认为，具有强烈成就需求的人渴望将事情做得更为完美，提高工作效率，获得更大的成功。他们追求的是在争取成功的过程中克服困难、解决难题、努力奋斗的乐趣，以及成功之后的个人成就感，他们并不看重成功所带来的物质奖励。个体的成就需求与他们所处的经济、文化、社会、政府的发展程度有关，社会风气也制约着人们的成就需求。通常，具有高成就需求的员工主要有以下特点，见图3-4。

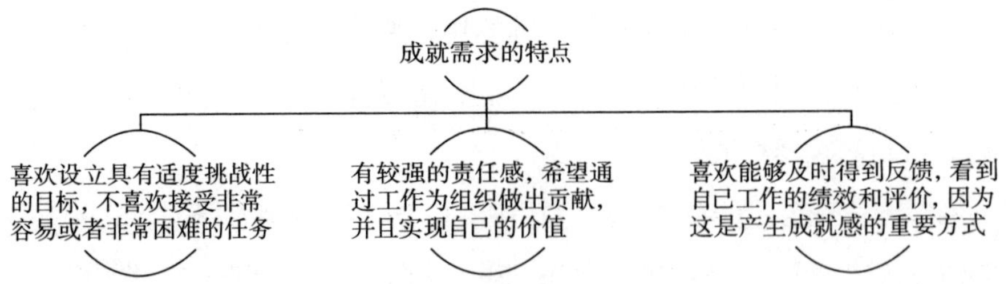

图3-4 具有高成就需求的员工特点

所以，在对员工进行授权激励管理的过程中，管理者要注意保证员工能够通过实际的工作来获得成就感，在满足其成就需求的同时达到激励员工的目的。

某家公司的销售部经理在对下属进行授权激励管理时，为了达到更好的效果，会在激励员工的过程中，有目的地满足员工的成就需求。这位销售部经理在给员工授权工作时，通常会给员工设置一些比员工自身工作能力略高的工作，但是又不会让员工无法达成，并且保证给下属授权的工作都是一些成果反馈期较短的工作，下属在完成工作后，能够及时得到成果反馈。通过这样的方式，下属能够通过自己的努力完成上级授权的工作，并且能够从工作成绩中获得成就感。这样做的结果是最大限度地满足了下属的成就需求，使其工作积极性有了明显的提升。

通过以上的案例我们可以看出，管理者要想满足员工的成就需求，就要在授权工作时，做到以下几点，见图 3－5。

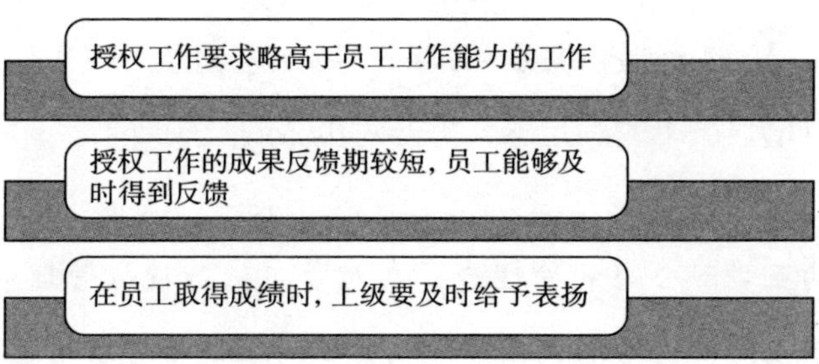

图 3－5　怎样满足员工的成就需求

满足员工的权利需求

权力需求是指影响和控制别人的一种愿望或驱动力。不同的人对权力的渴望程度也有所不同。权力需求较高的人对影响和控制别人表现出很大的兴趣，喜欢对别人发号施令，注重争取地位和影响力。他们常常喜欢争辩、健谈、直率和头脑冷静；善于提出问题和要求；喜欢教训别人并乐于演讲。他们喜欢具有竞争型和能体现较高地位的场合或情境，他们也会追求出色的成绩，但他们这样做并不像高成就需求的人那样是为了个人的成就感，而是为了获得地位和权力或与自己已具有的权力和地位相称。

戴维·麦克里兰的“三重需求理论”表明，不同的人对于权利需求的表现可以分为二种，见图 3－6。

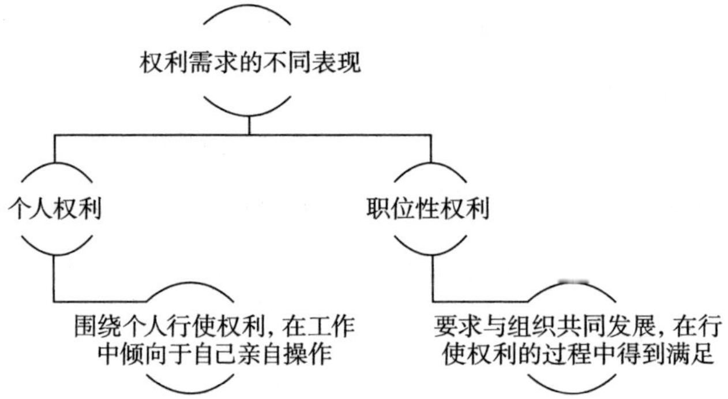

图 3－6　权利需求的不同表现

管理者在对员工实行授权激励管理时，要注意通过授权工作满足员工的权利需求，以增强员工的满足感，提升对员工的激励效果。

某家著名的互联网公司的管理者，在对员工进行授权管理的过程中，非常注重满足下属的权利需求。在给下属授权时，这名管理者总是会给予员工相应的工作头衔，并且赋予员工一定的权利。通过这样的方式，有效满足了员工的权利需求。使其在授权管理的过程中获得满足感，从而提升工作积极性。这名管理者也通过这样的方式，使其对员工的激励管理达到了最好的效果。

通过以上的案例我们可以看出，给予员工相应的权利和职位，让员工能够满足自己的权利需求，从中获得满足感。通过这样的方式，可使激励管理达到更好的效果。

满足员工的亲和需求

“三重需求”中的第三种需求是人渴望建立融洽、友善的人际关系的愿望，即亲和需求。高亲和动机的人更倾向于与他人进行交往，至少是为他人着想，这种交往会给他带来愉快。高亲和需求者渴望亲和，喜欢合作而不是竞争的工作环境，希望彼此之间的沟通与理解，他们对环境中的人际关系更为敏感。有时，亲和需求也表现为对失去某些亲密关系的恐惧和对人际冲突的回避。亲和需求是保持社会交往和人际关系和谐的重要条件。在对员工进行激励管理的过程中，要满足员工的亲和需求，使其在工作中感受到来自上级、同事的关怀与温暖，从而加强其对于企业的归属感，最终达到激励员工的目的。

李莉在一家公司的生产部门任生产经理，为满足员工的亲和需求，李莉在工作中总是尽可能地给予员工关心。当员工在工作中出现问题时，李莉都会帮助员工解决问题。通过这样的方式，让员工感受到自己对他们的关怀。并且，在平时的工作中，李莉还非常重视员工之间的和谐相处，通过强调员工之间的相互帮助，让员工感受到集体的温暖，从而满足员工的亲和需求。也通过这样的方式，让员工增加自己的归属感，从而提升其工作积极性。

3.4 信任，但不能放任

管理者在对员工实行授权激励的过程中，最重要的一点就是要做到信任员工。只有完全信任自己的员工，才能客观看待授权工作这一过程，才能够激发员工的工作积极性，从而使授权激励达到更好的效果。并且，在职场中，上司和下属之间离不开信任。只有相互之间充满信任，才能在工作中做到同心同德、步调一致，从而更好地完成工作。特别是上司，只有对下属充分信任，才能做到用人不疑、敢于放手，让下属放心大胆地开展工作。所以，信任员工，在对员工实行授权激励的过程中是非常重要的前提。但是，信任并不是放任员工，信任员工要建立在一定的前提下，并且要掌握一定的尺度。

信任员工是做好工作的前提

在职场中，如果上司和下属之间缺少应有的信任，在工作中相互猜忌，那么就会变得离心离德，不仅在工作中的努力方向无法保持一致，甚至还会因为相互不信任而引起内斗，最终损害企业的利益。所以，在对员工实行授权型激励管理的过程中，上级应该给予下属足够的信任，尽量使双方做到无话不谈，及时互通有无。这样，上司就可以在授权管理的过程中及时了解员工的动态，保证工作的有效进行；同时，下属还可以在遇到问题时，及时向上司寻求帮助，解决工作中出现的问题和困难，使授权激励管理达到最好的效果。

简是一家互联网公司的经理，在管理员工方面，简希望通过授权激励的方式实现对于员工的激励管理。但是，简却因为对员工的不信任而导致自己在这方面的努力功亏一篑。简计划在部门中挑选一些工作能力比较强的员工，对其进行授权管理，让其完成一些超越其工作职能的工作。按照最初的设想，简希望通过这样的方式让员工的工作能力得到锻炼和提高，同时也让员工增强对自身工作能力的信心。但是，简虽然对员工实行了授权管理，却没有做到真正信任员工。在工作中，总是时时刻刻监督员工的工作，员工不但不能施展出自己的才华与能力，甚至感觉自己被简监督。由于简的实时监督，授权工作最终操控还是简一个人完成，员工并没有从中得到有效锻炼。

简这样的做法就是不信任员工的表现。因为不信任员工，导致授权管理也无法实现。所以，在对员工实行授权管理的过程中，最重要的一点就是要做到信任员工。在管理工作中，要做到信任员工，就要做到以下几点，见图3－7。

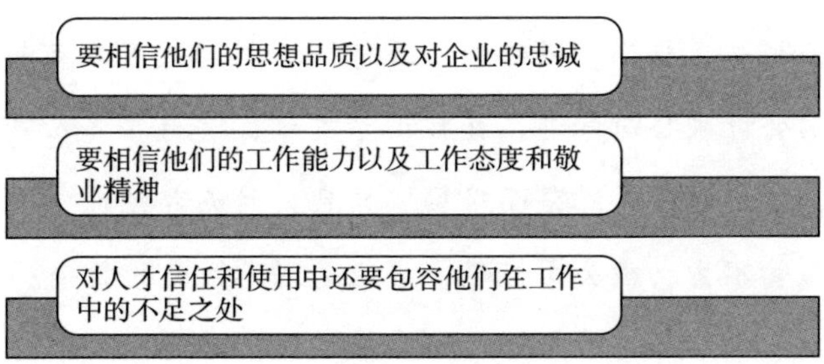

图3－7　信任员工的表现

放任是害不是爱，信任管理要做到有效控制

很多管理者在对待员工方面存在一个误区，认为如果要信任员工，就要做到没有任何原则的信任，坚信员工不会犯错。殊不知，这样的做法不是信任，而是放任。例如，有的管理者把员工当成自己的“亲信”，当员工出现问题时，总是睁一只眼闭一只眼，明明知道员工做错了事情也不批评。只有等到纸包不住火的时候，才避重就轻、轻描淡写地点一点。甚至当员工犯了明显的错误时，有的管理者还出面为其说情，开脱责任。这样的做法不是信任员工，而是放任员工。放任员工不但不能提升其工作能力，达到激励员工的目的，还会让员工在工作中变得目中无人，对工作也变得不甚在意。长远看来，这样的做法不但不会对员工起到帮助作用，还会害了员工。

A 是某家公司的财务部经理，他认为信任员工在对员工进行激励管理的过程中具有重要的作用，所以，在工作中，他无底线地信任员工，甚至将信任变成了放任。例如，对于财务部的一名会计，这名财务部经理就选择了无条件信任。当该名会计在工作中出现问题时，A 从来都不过问事情的真实情况是什么，而是一味地选择相信这名会计，坚持其不会犯错。久而久之，这名会计虽然在工作中存在很多的问题却不自知。由于每次出现问题之后都有经理帮助自己打圆场，最终都可以蒙混过关，所以在工作中他变得越来越肆无忌惮，最终由于疏忽给公司造成了不可挽回的巨大经济损失，这名会计被公司辞退，并且由于失误，导致很多公司都不会再聘请这名会计，其前途变得渺茫而艰难。并且，财务部经理 A 也因为对下属管理不当，监管不力，被公司辞退，事业受到了巨大的打击。

正是因为这名财务部经理对员工的无底线的信任变成了对于员工的放任，才会最终害人害己。所以，放任是害不是爱，可以信任员工，但不能放任。

由以上案例我们可以看出，信任并不是放任，信任能把事情做好，放任能把事情毁坏。信任是管理者对员工品质、能力的充分肯定，让他按照既定的原则独立行事，但是这绝不意味着让那些不具备良好品质和突出能力的员工随意而为，乃至破坏企业的形象。因此，在对员工实行授权管理的过程中，既要做到信任员工，通过授权的方式达到激励员工的目的，同时，在这一过程中，也要防止由于管理者自身的原因而出现放任员工的情况。

管理者要在信任员工的基础上做到有效控制，就要做到以下几点，见图 3－8。

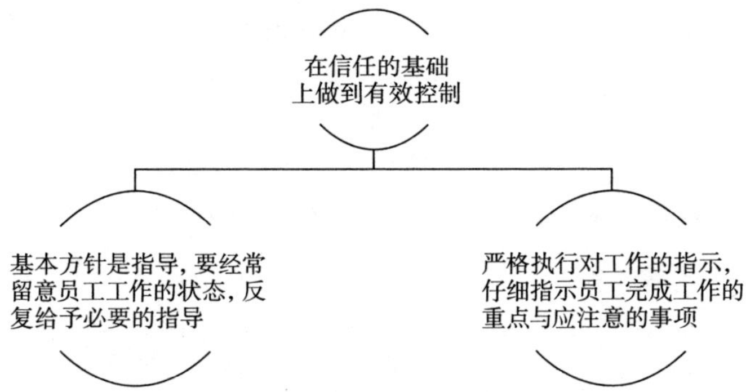

图 3－8　管理者如何做到有效控制授权

管理者只有在信任的基础上做到有效控制，做到信任而不放任，才能真正发挥信任对于员工的激励作用。

3.5 抓大放小管细，授权要在控制范围内进行

一个人，不论其工作能力有多强，都不可能事无巨细地将每一件工作都完成。对于管理者同样是这个道理。作为管理者，如果凡事都要事必躬亲，那么即使把自己累到精疲力竭，也无法将每项工作都完成得尽善尽美。所以，在对员工进行授权管理时，就要学会抓大放小，将自己的双手解放出来，将更多的精力放在管理和运营方面。抓大放小，就是抓住全局，抓住中心，抓住重点，抓住关键，集中精力做大事，而对那些非全局、非中心、非重点、非关键的问题和事务，尽可来个“视而不见，听而不闻”，放心、放手、放权，由下属去想、去管、去干。但是，大部分的管理者即使在授权工作中采取了抓大放小的方式，还是会存在一些问题。要想真正做好，还要在抓大放小的同时，做到管细。将授权在控制范围内进行，才能真正达到授权激励的效果。

“抓大”是授权激励的前提

“抓大”，指的就是管理者在授权管理中要管大事。管理者在进行抓大放小式的管理时，首先要知道什么样的事情是大事，什么样的事情是小事，然后在授权管理中做好“抓大”这一方面。通常，所要抓的大事主要指预期、流程之外的工作。流程性的工作，以及可以预期的工作由于工作风险性以及所需要的决策性都相对较低，不在“抓大”的范围内；而预期、流程之外的工作则很大程度上需要管理者做出决策，是需要管理者在

授权管理中主要考虑的工作。在“抓大”这一过程中，可以通过执行“例外原则”来实现。

某家公司实行财务预算制，在财务预算之内的工作，则可以授权下放给员工，而预算之外的工作则由管理者亲自抓。例如，根据这家公司的生产部门预算确定，可以招聘10名员工，那么，在10人以内的进出，不算例外，可以授权下放给员工完成招聘工作；而如果需要招第11个人，则属于预算之外的工作，就需要向管理者汇报，由管理者亲自完成这项工作。总体来说，预算之外的工作就属于“大”，是在抓大放小的过程中需要管理者亲自抓的工作。

管理者在“抓大”的过程中，需要做到以下几点，见图3－9。

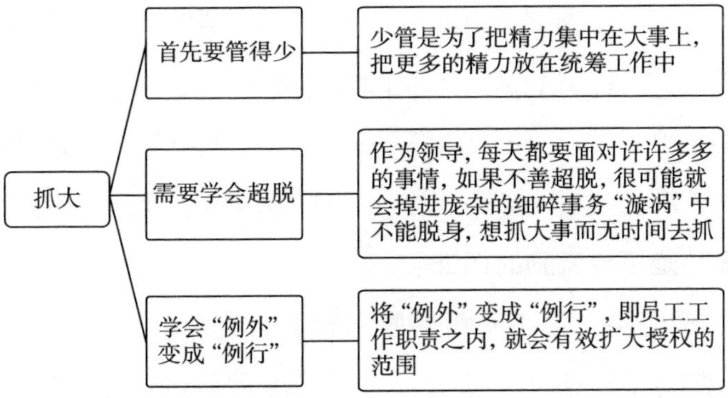

图3－9 管理者如何做到“抓大”

“放小”是授权激励的关键

抓大放小中的“放小”，指的就是授权，“放小”也是授权管理的关键部分。学会“放小”，就能够将授权管理做好，从而实现激励员工的目的。很多管理者在对“放小”的认知层面上存在误解，认为所谓的“放小”，就是随便找一些工作交给下属，告诉下属“这件事情交给你了”。实际上，这样的“放小”并不是真正的授权，也无法起到授权激励的作用。要想真正做好“放小”，首先要知道什么算“小”。

通过上文我们可以知道，一切预算之外、流程之外的工作都算是大事，所以，一切预算之内、流程之内的工作则可以归结为小事。在抓大放小的过程中，所要放的小事，就是预算之内、流程之内的工作。对于这样的工作，管理者要懂得让下属做决策。例如，可以在下属提出问题的时候，不直接回答他的问题，而是让下属自己提出解决方案，管理者所需要做的就是点评下属的方案。如果总是在下属提出问题的第一时间就给予下属解决问题的办法，那么仍然只是停留在上级下命令，下属完成的层面，工作并没有真正下放。所以，管理者在了解了什么是需要下放的小事后，还要掌握“放”的方式。

通常，下放工作的方式主要为从审批制变为备案制。当下属做了一些不算例外但是却很重要的决策时，管理者可以请他把具体的做法备案。备案的意义就在于告知员工，一旦出现了问题，就要严格按照规章制度查处。通过这样的方式，不仅能够将工作有效下放给下属，还能在授权的同时给下属一些制度约束，保证授权在控制范围内进行。

“管细”是授权激励的保证

很多管理者在对员工实行激励管理的过程中，都只是强调“抓大放小”，但是却常常忽视了“管细”。实际上，“管细”是做好“抓大放小”的保证。要想更好地进行管理工作，除了要在控制宏观局面的前提下，做好员工的授权工作外，还要管理好细节。只有做好“管细”，才能在做好“抓大放小”的过程中，在激励员工的同时，保证将各项工作的细节做好。

微软前任 CEO 史蒂夫·鲍尔默是“抓大放小”尤其是“管细”的典型。在实行“抓大放小”的授权管理时，史蒂夫·鲍尔默非常注重管理好细节工作，以防止工作中出现失误，影响整体的工作质量。例如，有一次，史蒂夫·鲍尔默在接受各国CEO的年度汇报时，在巨大的屏幕上，每一页都是密密麻麻的业务数据。在平时的工作中实行“抓大放小”管理方式的史蒂夫·鲍尔默，却在利用听工作报告的方式实行“管细”。

数学系毕业的他，对于大屏幕上出现的每一个数据都进行了认真的观察和分析。突然，史蒂夫·鲍尔默对正在报告工作情况的一位CEO说：“停，你翻到前面，这一页的这个数字，和那一页的那个数字是矛盾的，请你解释一下。”对于他的提问，那位正在做工作报告的CEO却回答不上来。最终，史蒂夫·鲍尔默认为这名CEO根本不懂业务，所以将其解雇了。通过“管细”，史蒂夫·鲍尔默找出了下属工作中存在的问题，成功避免了公司的损失。

在“抓大放小”的过程中，做好“管细”，能够给工作的有序进行提供一个强有力的保证。所以，管理者在实行“抓大放小”式的授权管理时，除了要做好“抓大”和“放小”，还要做好“管细”。

第 4 章

检查督导：竞争型激励提升执行效率

检查督导是管理者常见的工作场景。借助管理者的检查指导，员工间展开工作对比，更容易激发工作热情，并在竞争中相互学习，快速改正自身存在的问题，提升执行效率。

4.1 让员工在你追我赶中提升士气

竞争是激励员工的最有效手段。心理学家的研究表明，竞争可以增加50%或者更大的创造力。人人都有一种不甘落后、以落后为耻的心理，而竞争恰恰可以使人们在成绩上拉开距离，从而激励员工上进，激发他们的创造性思维。如果员工总是处在一个没有竞争、没有压力的环境中，员工的潜力则在很大程度上处于被压抑的状态，工作团队也会失去活力。

竞争激励能够最大限度地激发员工动力

竞争激励法是行为激励法中的一种。竞争激励将优胜劣汰的原则引进企业的日常管理工作中，使得员工在工作中具有某种集体强化的自觉机制。竞争激励的强化与奖惩激励的强化不同，竞争激励不是自上而下压下来的，而是竞争对手间相互的强化激励；它不是外部诱因的刺激，而是内心激奋的结果。采取竞争激励要注意控制竞争沿着正确方向发展，保证竞争在公平基础上进行，最后对竞争结果也要做出一定的判断。

约翰是一家暖气机生产工厂的厂长，工厂的业绩一直都不太理想，工人们在工作中总是提不起干劲。在平时的工作中，总是迟到早退，甚至交货的时间也常常出现延误。生产出来的产品质量也非常差，消费者的抱怨和投诉不断。针对这个问题，约翰决定采用竞争激励管理的方式激发员工的工作积极性，以便改善问题。

由于工厂采用的是昼夜两班轮流工作制，于是，约翰就在日班下班的时候，在工厂门口拦住了一个正要下班的工人，并问："你们这一班今天总共制造了几部暖气机?""5部。"被问的工人回答。

约翰并没有说话，而是在车间的地板上用粉笔写下了一个大大的阿拉伯数"5"字，然后就离开了。当夜班工人来上班的时候，就看到了那个"5"字，于是问这是什么意思。日班的员工回答说："老板今天问我们生产了几部暖气机，我们说5部，于是他就把它记录在了地上。"夜班的工人不服气，于是在一晚上的时间内生产出了6部暖气机，并把地上的"5"改成了"6"。日班的工人看到这样的情况，同样不甘落后，在工作中变得更加努力，于是在日班的时候生产了7部暖气机。

工厂老板约翰通过将夜班和日班工人的工作量进行对比，激发起了工人的工作积极性，由于两班的工人都不甘落后，所以在工作中总是更加努力，工作量也明显地提升了。这里，约翰所使用的管理方法就是竞争激励方法。

通过以上的案例我们可以看出，竞争激励能够最大限度地激发员工的工作动力。所以，管理者要想达到激励员工的目的，就可以使用竞争激励的方式。

将激励作为竞争的最终目的

在管理中实行竞争激励的方法，目的是通过竞争，激发起员工不服输的心态，在与其他员工的比较中发现自己的不足并且改正，从而获得进步。所以，竞争激励的最终目的不是竞争，而是激励。管理者在实行竞争激励的方法时，要将重点放在激励员工上而不是竞争上。如果在竞争激励中偏离了重点，就会使竞争激励的效果大打折扣。

艾米在一家财务公司任财务部经理，为了提升员工的工作积极性，艾米在管理中采取了竞争激励的方式。但是，在实施的过程中，却没有把握好竞争激励的重点。艾米将重点放在了挑起员工之间的竞争上，在管理中，艾米过分强调员工之间的竞争关系，导致员工在工作中只顾着和他人竞争，却不顾提升自己的工作能力。最终，这样的竞争激励模式不但没有提升员工的工作能力，还影响了整个工作团队的团结。

正确使用竞争激励方法

管理者要想通过竞争激励的管理方式达到激励员工的目的，就要学会正确使用竞争激励法。通过在实际的管理过程中实施竞争激励，达到激励员工、提升工作效率的目的。

通常，要想将竞争激励的方法运用在实际工作中，需要遵循以下三个步骤：

步骤一：巧妙利用数据将员工进行比较。

数据是最具有可比性和说服力的，利用员工的各项工作数据进行比较，是最公平和最具说服力的。因此管理者可以把员工的行为结果用数据对比的形式反映出来，以激励上进，对能够定量考核的指标，都要尽可能地进行定量考核，并定期地公布考核结果。在这一过程中，管理者要注意以下问题，见图4－1。

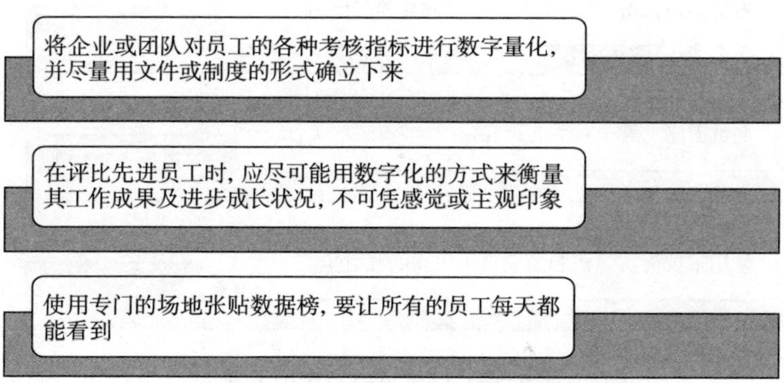

图4－1　利用数据对比时应该注意的问题

步骤二：采用分组竞争的方式。

分组竞争的形式更加容易激发员工的工作热情。当一个人属于一个团队时，其团队荣誉感会大大增强。所以，在竞争激励中，可以将员工进行分组，采用分组竞争的形式进行管理。通过这样的方式，往往能够取得更好的效果。

在分组竞争的过程中，可以按照以下方法设置，见图 4 –2。

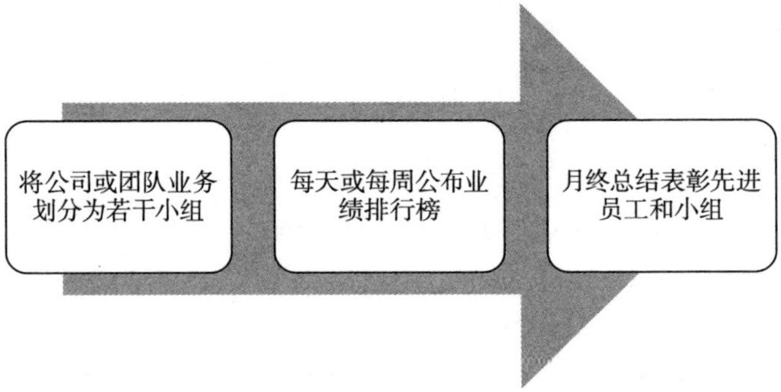

图 4 –2　分组竞争的设置方法

步骤三：设置竞争对手，让员工之间主动展开竞争。

竞争对手是竞争激励中的一个重要元素。在这一过程中，可以按照以下方法实行，见图 4 –3。

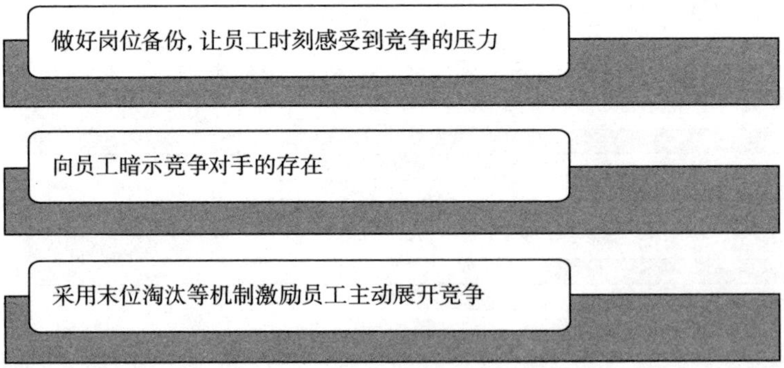

图 4 –3　设置竞争对手的方法

4.2　用“鲶鱼效应”给员工注入危机感

在对员工进行竞争激励的过程中，如果仅仅依靠调动员工自身的能动性实施竞争激励，是无法使竞争激励达到最好的效果的。每个人自身的能动性是有限的，如果没有外界的刺激，员工的积极性就无法最大限度地被激发出来。所以，为使竞争激励的效果达到最大限度，就要给员工一些外界刺激，通过外界刺激将员工潜在的能力和积极性全部激发出来，提升员工的工作能力，达到竞争激励的目的。而使用这一外界刺激，则是利用了“鲶鱼效应”。

什么是“鲶鱼效应”

“鲶鱼效应”指的是鲶鱼在搅动小鱼的生存环境的同时，也激活了小鱼的求生能力。“鲶鱼效应”是采取一种手段或措施，刺激一些企业活跃起来投入到市场中积极参与竞争，从而激活市场中的同行业企业。其实质是一种负激励，是激活员工队伍的奥秘之一。管理者在实行竞争激励的过程中，可以利用“鲶鱼效应”最大限度地激发员工的工作积极性。

曾经有一个故事，正是“鲶鱼效应”的由来。挪威人爱吃沙丁鱼，但是当渔民将捕捞上来的沙丁鱼运回港口时，却发现大多数沙丁鱼已经死了。面对这样的情况，聪明的渔民想出了一个办法，将这一问题完美解决了。渔民将沙丁鱼的天敌鲶鱼与捕捞上来的沙丁鱼放在了一起。渔民在捕捞沙丁鱼之前，总是先准备一条活跃的鲶鱼，等到捕捞上来了沙丁鱼，就将沙丁鱼和鲶鱼一同放进水槽。水槽中的鲶鱼由于具有活力而四处游动，并且偶尔会捕杀沙丁鱼。而沙丁鱼因为有了鲶鱼的刺激而变得精神高度紧张，于是便在鲶鱼的追逐下四处逃窜。通过这样的方式，整个水槽的鱼都会因为游动而上下浮动，由于水面的波动，从而使得水槽中氧气充足，保证了沙丁鱼能够活蹦乱跳地被运回渔港。

这样的现象就被称为“鲶鱼效应”。由于鲶鱼的加入给了沙丁鱼刺激，从而激发了沙丁鱼的求生欲望，让其变得更加具有活力。“鲶鱼效应”同样适用于企业管理中。在竞争激励的过程中，为了使员工更加具有积极性，可以利用“鲶鱼效应”，给员工加入鲶鱼式的刺激，增强竞争激励的效果。

“鲶鱼效应”激发员工工作积极性的作用主要表现在以下方面，见图4－4。

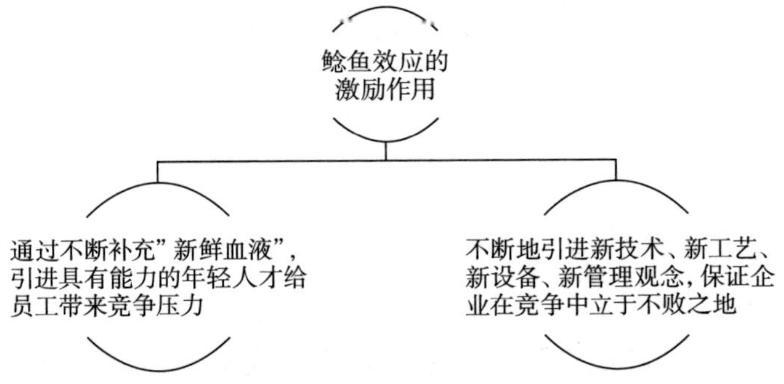

图4－4 鲶鱼效应的激励作用

找到合适的“鲶鱼式刺激”类型

企业管理中需要“鲶鱼效应”来带动员工的竞争意识，企业只有有意识地创造出“活的元素”，才能发挥出“鲶鱼效应”在竞争激励中的重要作用。

日本著名企业本田公司的董事长本田先生就在对员工的管理中利用了“鲶鱼效应”。在发现公司很多员工在工作中缺乏进取心和敬业精神的情况下，本田先生并没有一味地采取淘汰制度，而是对员工实行了竞争激励。

在竞争激励的过程中，本田先生不定期地给工作团队中加入一些“鲶鱼式刺激”。例如，本田先生会找一些外来的“鲶鱼”加入公司的员工队伍，制造一种紧张气氛，发挥“鲶鱼效应”。本田先生还进行人事方面的改革，每年都重点从外部中途聘用一些精干利索、思维敏捷的30岁左右的生力军，有时甚至聘请常务董事一级的“大鲶鱼”，这样一来，公司上下的“沙丁鱼”都有了触电式的感觉。把忧患意识注入竞争机制之中，使组织保持恒久的活力，这是日本本田公司取得成功的关键。本田先生营造了一种充满忧患意识的竞争环境，激发起每一个人的进取心、荣誉感，调动了员工的工作热情，使得本田公司又重新充满了活力。

通过本田公司的管理案例，我们可以看出，运用好“鲶鱼效应”对于实行竞争激励的重要性。所以，管理者在实行竞争激励时，要学会在竞争激励中巧妙运用“鲶鱼效应”，使得竞争激励的效果达到最佳。通常，想要利用“鲶鱼效应”，就要学会在员工之中引进一些“鲶鱼式刺激”。而这些“鲶鱼式刺激”，主要有以下几种，见图4－5。

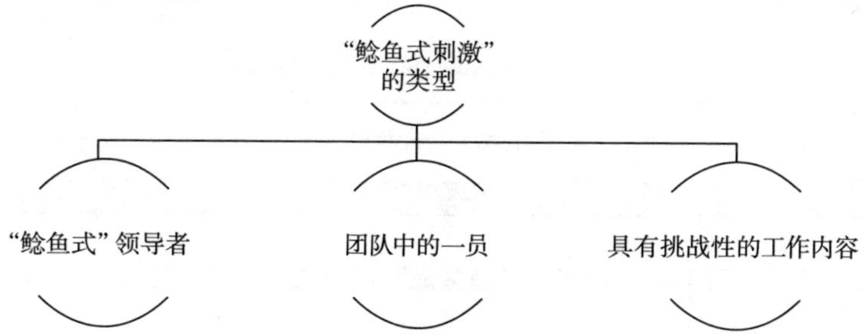

图4－5　“鲶鱼式刺激”的类型

管理者在利用“鲶鱼效应”时，要注意选用适当的“鲶鱼式刺激”，才能使竞争激励的效果达到最佳。

警惕“鲶鱼效应”的副作用

任何事情都有两面性，有利有弊。“鲶鱼效应”也是一样，“鲶鱼效应”能够在竞争激励中给予员工更多的刺激，激发其工作积极性，但是如果使用不当，也会出现很多副作用。例如，在团队整体状态还很好的时候就引进“鲶鱼”，则会打击团队成员的积极性，同时会导致员工对公司的认同感降低，这时候员工会把对工作的积极性转化为破坏性行为，故意和公司对着干；骨干员工有可能失去对愿景的希望，离职、消极怠工，真正变成“休克鱼”；如果引进的“鲶鱼”数量过多，刺激过度，则会引起全体的恐慌，加重员工心理负担；并且员工在工作同时还在提防“鲶鱼”，戒心增加，显然不利于整体工作的开展。

管理者在利用“鲶鱼效应”时，要注意以下问题（见图 4－6），时刻警惕“鲶鱼效应”的副作用。

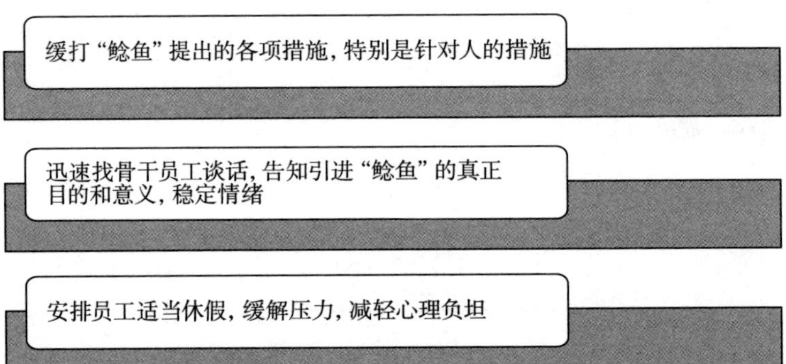

图 4－6　利用“鲶鱼效应”时应该注意的问题

4.3 团队 PK 碰撞出工作热情

很多管理者在管理员工的过程中，都会抱怨的一件事情就是工作团队缺乏战斗力和凝聚力，员工工作缺乏必要的积极性和主动性。管理者在管理员工时都强调团队和谐，一定程度的团队和谐有利于增强团队中各个成员之间的凝聚力。但是，任何事情都要适度，一旦超出一定的限度，便会适得其反。实际上，团队和谐并不适用于工作中的所有场景。例如，在工作业务以及团队的工作沟通过程中，切忌一团和气。如果总是一团和气，有问题不说，就会对工作的质量产生直接的影响；并且，如果过分地强调和谐，那么团队成员就会在工作中丧失斗志，这是非常不利于提升工作效率的。

要起到激励员工的目的，就要增加团队中的竞争机制，采用团队 PK 的形式搅动那一团和气的“死水”，让员工动起来，通过增加员工的危机感来达到激励员工的目的。

团队 PK 是激发斗志的重要法宝

团队 PK，主要是通过团队成员之间的竞争来达到激励员工的目的。团队 PK 对激励员工具有明显的效果，见图 4－7。

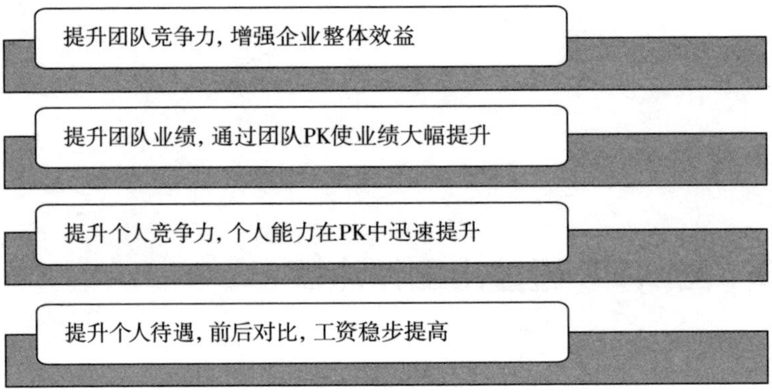

图4－7　团队PK的作用

某家化妆品公司的销售部，为提升销售员工的工作业绩，在激励员工的过程中选择了团队PK的形式，通过团队PK增加员工的工作危机感和工作积极性。

第一，在进行团队PK之前，这家化妆品公司的销售部经理针对销售部全体员工进行了一次思想动员大会，将公司制订团队PK机制的原因明确告知给员工。经理认为，销售部员工在工作中缺少积极性，通过团队PK的形式，可以增强员工的危机感和荣誉感，从而提升其工作积极性。在将进行团队PK的原因告知给员工之后，使销售部的员工对团队PK的认同达成了一致。

第二，销售部经理按照销售部员工的个人业绩水平，将销售部的14名员工平均分为了A、B两组，通过进行人员调配，最终保证A、B两组的总体工作水平相同。

第三，A、B两组在小组内部，通过民主选举，各选举出了一名组长和一名副组长。并且由两组成员共同确定了两个小组所要PK的项目以及PK的奖金。最终，经过全体员工的共同商讨，A、B两组将PK的项目定位成一个月的销售业绩，PK获胜的那一组则可以获得由公司提供的一万块钱奖金。

实行团队 PK 的激励模式后，A、B 两个小组成员的工作积极性都有了明显的提高。谁都不愿意让自己的团队落后，并且，因为获胜的一组还可以获得奖金，所以团队成员则更加卖力地销售化妆品。最终，经过一个月的 PK，A 组销售业绩为 30 万，B 组为 29 万，A 组获胜，并且获得了奖金。而 B 组的员工也没有因为失败而气馁，员工都争相要求再进行一轮 PK。

通过团队 PK，不但提升了员工的工作积极性，还使公司的总体销售业绩有了明显的增加。以往，销售部的月总体销售额基本为 30 万左右，而进行团队 PK 的一个月，将 A、B 两个小组的销售业绩相加则为销售部的总体业绩，为 59 万，较以往增加了 29 万，增加明显。

从以上案例中，我们可以看出竞争激励对工作的重要性。如果工作团队中缺少竞争机制的话，那么员工对于工作就会缺乏积极性，个人业绩的降低直接导致了企业的整体业绩的降低，从而降低团队整体的竞争力。长此以往，就会导致企业在市场上的竞争力下降，影响企业的长远发展。所以，在工作中进行一定的团队 PK，能够有效激励员工，并且能够提升企业的整体竞争力。

依据一定原则设置团队 PK 机制

做任何事情都需要一定的原则，团队 PK 机制的设定同样如此。如果在设置团队 PK 机制时，没有按照一定的原则，而是简单无序地进行设置，那么团队 PK 不仅不能带来帮助，甚至还会产生负面影响。事实上，只有依据一定的原则设置团队 PK 机制，才能让团队 PK 最大限度地发挥作用。

设置团队 PK 机制，需要依照的原则主要有以下几条，见图 4-8。

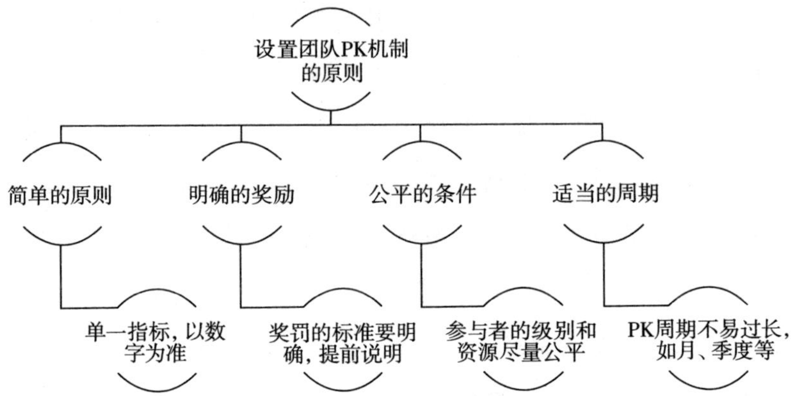

图 4 –8 设置团队 PK 机制的原则

五步流程设置团队 PK 机制

在明确了团队 PK 机制在激励员工方面的重要作用以及设置原则之后，管理者就要明确设置团队 PK 机制的具体流程。按照流程设置完善的团队 PK 机制，才能保证团队 PK 真正发挥应有的作用，避免由于设置不完善而在实际操作中出现各种各样的问题。

总体来说，设置团队 PK 机制的流程主要分为五个步骤：

步骤一：动员大会。这一步是进行团队 PK 的基础。通过动员大会，让员工明确公司进行团队 PK 的目的，以及团队 PK 的重要作用。保证团队中全体成员形成一个统一的认知，团队 PK 才能有序实行。

步骤二：合理分组，选出团队组长。在这一过程中，要保证各个组的总体水平相当，并且要保证团队的人数。每个小组的人数控制在 8 人以内。由员工投票选出组长和副组长，副组长协助组长进行工作，组长不在岗，副组长代替组长履行责任。对于团队组长的责任，也要进行明确，组长的职责一般包括以下几个方面，见图 4 –9。

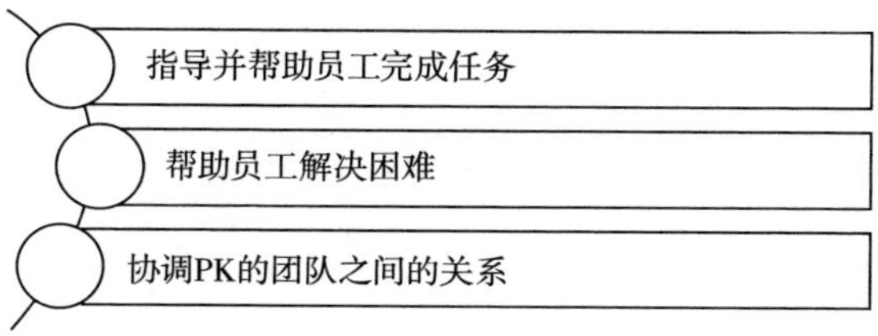

图 4－9　团队组长的职责

步骤三：确定 PK 项目。这是团队 PK 的核心内容。在制订团队 PK 的项目时，需要参与团队 PK 的全体员工共同商议确定。一次 PK 中的项目最多不超过两项，并且，一定要是工作中的弱项。例如，以往员工的销售业绩较差，就要将销售业绩作为 PK 项目；而如果售后服务是弱项，则要将售后服务作为 PK 项目。

步骤四：确定 PK 奖励。PK 奖励的确定同样是团队 PK 的重要内容，没有奖励的 PK 就等于没有 PK，一个好的 PK 奖励能够有效调动员工的积极性，使团队 PK 的激励作用发挥到最大限度。PK 奖励的常见形式主要有以下几种，见图 4－10。

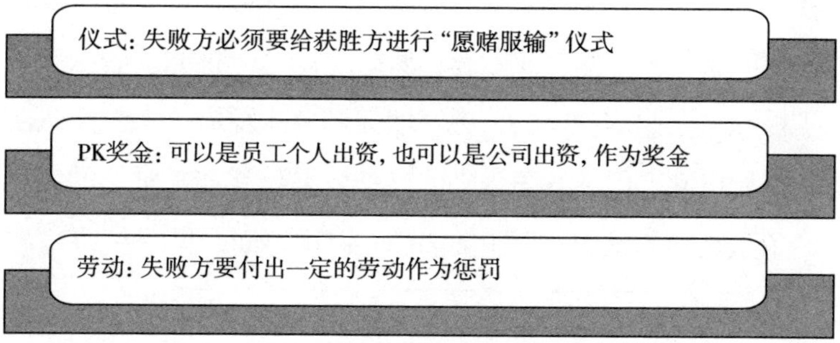

图 4－10　PK 奖励的常见形式

步骤五：PK 并进行 PK 兑现。这是团队 PK 的具体实施阶段，在这一过程中，管理者要注意保证团队 PK 的有序性以及良性竞争，确保 PK 的公平性，并严格按照 PK 结果进行 PK 兑现，实现激励员工的目的。

4.4 用“末位淘汰”让员工处于竞争状态

末位淘汰制是绩效考核的一种制度，指工作单位根据本单位的总体目标和具体目标，结合各个岗位的实际情况，设定一定的考核指标体系，以此指标体系为标准对员工进行考核，根据考核的结果对得分靠后的员工进行淘汰的绩效管理制度。末位淘汰制能够给员工增加紧迫感，由于害怕成为工作团队的末位而被淘汰，员工就会以更加积极的态度面对工作，想方设法提高自己的工作效率。在这样的情况下，更加容易实现对于员工的激励管理。

末位淘汰制在竞争激励中具有重要意义

末位淘汰制之所以在全球企业界普遍使用，并被视为有效法宝，主要是因为它把外部的竞争引进到企业内部，使组织处于一种激活的状态，从而提高员工的积极性和企业的竞争力，更好地促进企业发展。末位淘汰制对于提升员工的工作积极性，促进竞争激励的实施效果具有非常重要的意义。末位淘汰制在竞争激励中的重要作用主要表现在以下方面，见图 4 – 11。

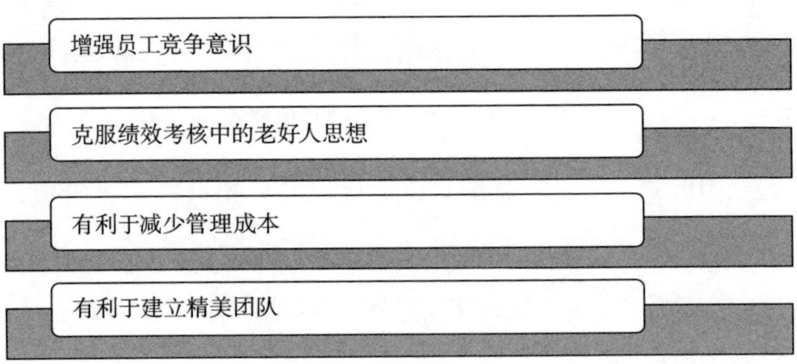

图 4 – 11　末位淘汰制的重要作用

由图4－11 我们可以看出末位淘汰制在竞争激励中的重要作用。所以，管理者在对员工进行竞争激励管理的过程中，要善于使用末位淘汰制，通过这样的方式，增强竞争激励的效果。

把握实施步骤，保证实施效果

末位淘汰制对于激励员工、提升员工的工作积极性具有非常明显的作用。管理者在对员工实行竞争激励时，可以在竞争激励中加入末位淘汰制，通过这样的方式，可以有效提升竞争激励的效果。

周林是一家拥有800 名员工的纺织厂的厂长，由于工厂的工人工作积极性比较低，迟到早退的现象频发，并且所生产出来的产品质量也比较差，严重影响了工厂的效益，所以，周林决定对工人实行激励管理。在这一过程中，周林在激励管理中加入了末位淘汰制。周林规定，工厂每隔三个月会对工人在三个月之内的工作业绩进行总结评比，并淘汰最末位的 20 人。

这样的规定一出，本来工作态度非常散漫的工人立刻增加了紧张感。大家都害怕由于自己的业绩差，而成为那被淘汰的 20 人。为了保住自己目前的岗位，工人们一改之前散漫的工作态度，对待工作变得非常认真。迟到早退的现象没有了，并且在工作中总是你追我赶，生怕自己的工作业绩被其他同事超越。通过末位淘汰制，这家纺织工厂成功改变了之前工人工作积极性低的状态，不仅激励了员工，还使得工厂的工作效率大幅度提升，为工厂增加了可观的效益。

管理者在对员工实施激励管理的过程中，要正确实施末位淘汰制，保证末位淘汰制的实施效果，实现对于员工的有效激励。

通常，管理者在实施末位淘汰制时，需要遵循以下步骤（见图 4－12），以保证末位淘汰制的有效实施。

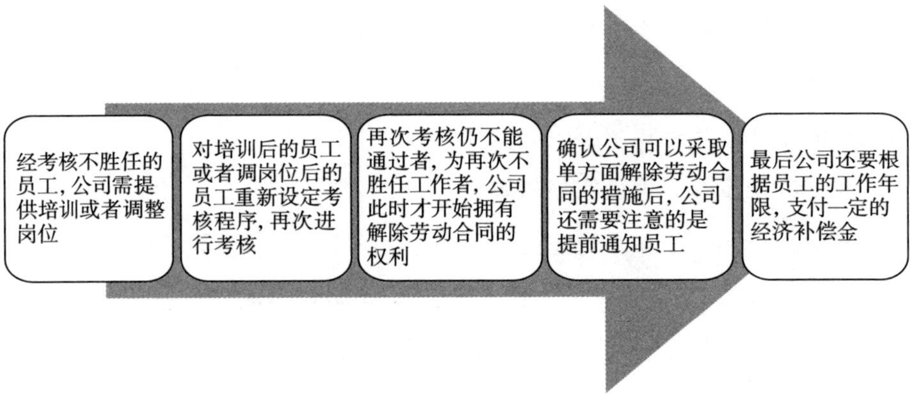

图 4－12　末位淘汰制的实施步骤

做好准备，充分发挥末位淘汰制效果

在对员工实行末位淘汰的过程中，管理者还应该注意实行末位淘汰制应该注意的问题。很多管理者由于对末位淘汰制的了解不够深入，导致在实行末位淘汰制的过程中，由于没有注意到相关的问题，影响了末位淘汰制在实施过程中的公平公正。一旦出现这样的情况，不但没有发挥出末位淘汰制对于员工的激励作用，还会让员工感觉末位淘汰制不公平，从而严重影响员工的工作积极性。

艾米在一家公司任生产部经理。为了激励员工，提升员工的工作效率，艾米在对员工的管理中实行了末位淘汰制。但是，艾米在设置考核制度时，并没有将考核制度设置得非常明确，导致在最后对员工的工作业绩进行评价时，因为评价标准并不明确，很多员工认为公司的考核结果不公平。并且，在经过评比确定了最终的淘汰名单后，由于事先没有在合同中设置相应的条款以避免纠纷，所以，在解雇员工的过程中，员工与公司双方产生了很多纠纷，甚至到了最后要以打官司的形式结束。这样的结果，不仅没有发挥出末位淘汰制应有的效果，还给公司带来了很多的纠纷。

艾米的做法之所以会出现这样的结果，就是因为艾米在实行末位淘汰制之前没有做好相关的准备，没有注意到应该注意的问题。在实行末位淘汰制时，由于准备不足，通常可能出现以下问题，见图4－13。

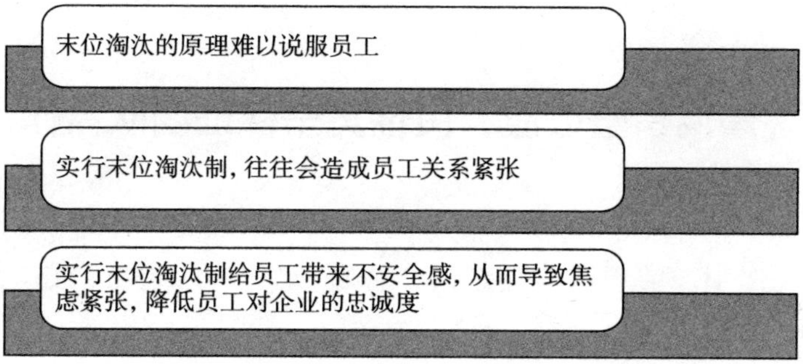

图4－13 实行末位淘汰制度时可能出现的问题

为了避免在实行末位淘汰制时出现和艾米相同的情况，管理者通常应该注意以下问题（见图4－14），只有提前做好相关的准备，才能保证末位淘汰制更好地实行，并最终取得理想的效果。

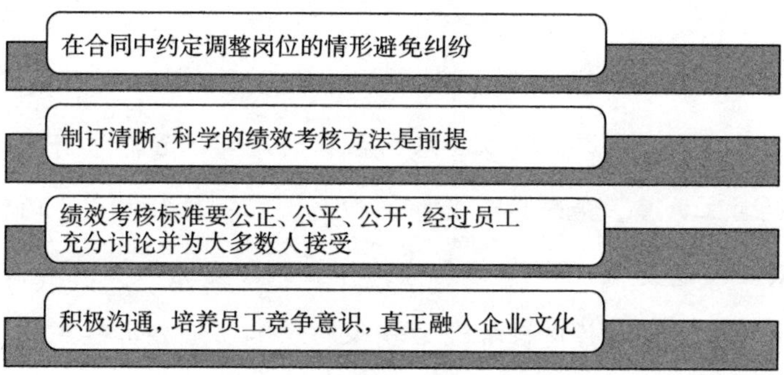

图4－14 实行末位淘汰制时应该注意的问题

除此之外，管理者还要明确辨析末位淘汰制的两个问题。在对员工进行排位的过程中，如果排列的标准不同，结果可能会大不相同；并且，对于要淘汰的员工，还要看当前的岗位是否适合，如果不适合，可以为员工寻找一个适合其发展的新岗位。

4.5 警惕螃蟹效应，良性竞争保证团队合作

团队工作中，要想取得突出的工作成绩，离不开团队成员的精诚合作。然而，在团队合作中，竞争总是与团队成员之间的合作相依相伴。团队竞争的最终目的仍然是提升团队成员的工作能力，尽力提升团队的整体工作质量。要想通过团队竞争实现这样的目的，首先要保证竞争是良性的竞争，只有良性竞争才能够保证团队合作，而恶性竞争只会加深团队成员之间的隔阂，给工作业绩的提升带来不良影响。

约翰是一家知名的化妆品公司A公司的老总，其公司拥有众多的员工。由于公司的实力雄厚，所以其店面占据的地理位置非常好。但是，即使A公司的员工众多，地理位置优越，但是，在一段时间内，约翰却发现公司的销售业绩总是呈现下滑的态势，并且，公司的人员流动性非常大，甚至一些非常重要的工作岗位都经常换人。这不仅给公司造成了巨大的人力成本的损失，还明显降低了公司的销售业绩。为此，约翰感觉到非常忧虑，他决心调查出现这种现象的根本原因并加以改善。

约翰对公司的员工以及工作情况做了全面的摸底调查，经过对调查结果的调查分析，约翰发现，团队的工作业绩下降，人员流动性大的根本原因，不是因为员工的工作能力不够，也不是因为公司的制度出现了缺失，而是员工在工作中互相拆台，互不配合。

以 A 公司的销售部为例。一次，约翰为了提升产品的销量，要求销售部中的三个小组，1 组、2 组、3 组分别制订一份销售计划，最终评选出最优的计划并执行。经过一周的时间，约翰最终确定使用 2 组所制订的工作计划。但是，在实际的执行过程中约翰却发现，除了 2 组在严格执行自己所制订的销售计划外，1 组和 3 组都在一定程度上出现了软磨硬泡的现象，以各种方式抵制 2 组的销售计划的实施，有的甚至会给 2 组拆台。

约翰对这种情况感到非常不解，于是召集销售部门的员工，经过多次询问才最终发现，原来 1 组和 3 组的员工之所以不想执行 2 组的销售计划，是害怕即使最终取得了理想的销售业绩，功劳也只会算在 2 组的头上，自己只是“为他人作嫁衣”。为了避免出现这样的情况，就只能破坏 2 组制订的销售计划，使其无法取得理想的销售业绩。约翰听了这样的原因，哭笑不得。

有动物学家曾经做过一项实验：如果将螃蟹放在不高的水池里，当只有一只螃蟹时，螃蟹则能够通过自己的努力爬出水池；而当水池里同时有多只螃蟹时，螃蟹就会叠罗汉，总有一个在上边，一个在下边，当一只螃蟹爬到水池口时，其余的螃蟹就会用威猛的大钳子抓住它，最终把它拖到下层，由另一只强大的螃蟹踩着它向上爬。如此循环往复，但没有一只螃蟹能够成功“突围”。这样的现象被称为“螃蟹效应”。

“螃蟹效应”存在于职场中，就像约翰的化妆品公司中出现的现象一样，当团队中的各个成员之间因为某些原因产生了一定的利益冲突时，团队成员就会出现不顾团队整体利益，只顾个人私利，从而出现内斗的现象。“螃蟹效应”是一种企业伦理的反映，表现出的是一种不道德的职场行为。这种不道德的职场行为，会引发团队成员之间的恶性斗争，最终影响整个团队的工作业绩。

在职场中，出现“螃蟹效应”的原因主要有以下几种，见图 4－15。

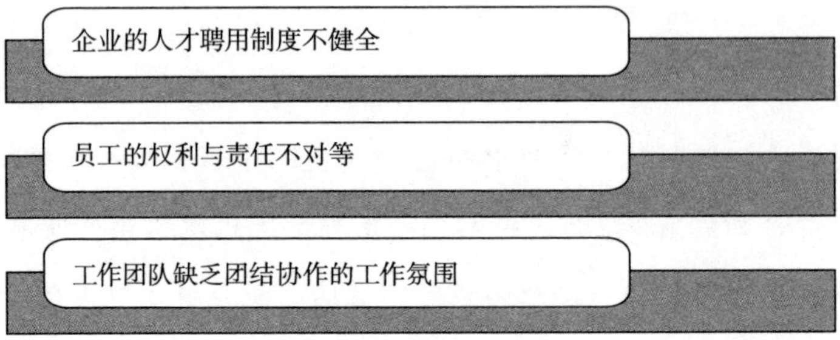

图 4－15　职场中出现“螃蟹效应”的原因

为了避免在工作团队中出现“螃蟹效应”，管理者就要做好员工激励，针对职场中出现“螃蟹效应”的具体原因，使用一定的激励手段。通常，要避免在工作团队中出现“螃蟹效应”，管理者应该做好以下几点：

塑造团队协作的企业文化

工作团队中之所以会出现“螃蟹效应”，最根本的原因就是因为企业文化的缺失。正是因为员工没有在心理上树立一个团队协作的思想，才会在出现利益冲突时，为了个人利益而影响团队整体利益，同事之间互相拆台。所以，为了避免“螃蟹效应”，管理者首先要塑造团队协作的企业文化。

管理者可以通过各种团建活动以及拓展训练等，树立起团队协作的企业文化，使员工认识到团队协作的重要性，从而在之后出现利益冲突时，员工能够以团队整体利益为重，避免相互内斗。

树立统一的企业发展目标

员工之间之所以会出现内斗，一个重要的原因就是因为员工的工作目标不一致。当员工的工作目标不一致时，就会容易产生相互争斗、相互猜疑的情况。但是，在实际的企业管理中，很多企业实际上并没有给员工树立一个明确、统一的企业发展目标，有的企业即使制订了发展目标，也并没有对员工公布，特别是基层员工，对企业发展目标几乎一无所知。而这也是出现“螃蟹效应”的重要原因。

为了避免因为缺少共同的企业发展目标而形成“窝里斗”的局面，导致员工为了各自的利益相互牵制，管理者就要梳理统一的企业发展目标。

明确权与责，实现权责对等

团队里为什么会出现“螃蟹效应”？员工为什么不能容忍身边的同事先“爬”出来？究其原因是责任和义务的不对等造成的。权力大了，相应的责任也应加大，团队成员要把权力视作一种责任，而不是地位的象征。谁爬到前面，谁就要有能力和有责任引领团队走出困境，这样才能使团队的其他成员相互推着朝前走。

第 5 章

绩效考核：薪酬型激励坚定员工信心

所谓绩效考核，是指企业在整体战略目标下，运用一定的工作标准和业绩指标，对员工的工作过程以及工作成果进行评估，并将评估结果运用于管理工作中，为员工的岗位调整及薪酬设计提供指导。绩效考核要如实反映员工工作情况，再配合针对绩效考核结果的各类薪酬制度和奖励制度，那么做考核也不再是一个口号，而是真正落地生根、发挥实效了。

5.1 员工不做你想要的，只做你考核的

大多数的员工要想在工作中发挥主观能动性，主动完成工作，是需要一定的督促和推动力的，如果仅仅依靠员工自身的自觉性，是无法达到企业所期望的效果的。对于员工来说，如果做不同的工作，所获得的薪酬都是相同的话，那么员工自然就会选择省时省力的工作。所以，在很多情况下，企业想要员工做的工作，员工不会主动去做，但是，员工一定会做企业所考核的工作。在员工的管理过程中，一旦有了绩效考核体系的加入，就会给员工在无形中增加工作压力和紧迫感。员工为了完成既定的工作任务，完成工作绩效，就会付出比平时更多的努力去完成考核范围内的工作，并且在工作中变得更加积极主动。管理者要想完成既定的工作目标，可以将需要完成的工作设置为员工的考核范围内的工作，就能有效提升员工在这项工作中的工作积极性与工作效率。

认清作用，才能做好绩效考核

绩效考核对于完成企业的工作目标具有重要的作用。将企业所需要完成的工作目标列入员工的考核计划，能够有效促进员工对于工作的完成效率。在这一过程中，管理者要对绩效考核的作用引起足够的重视，并运用一定的方法，将员工管理与绩效考核有机联系在一起。

绩效考核在员工管理方面主要有以下几点重要作用，见图 5－1。

避开问题，才能发挥绩效考核效果

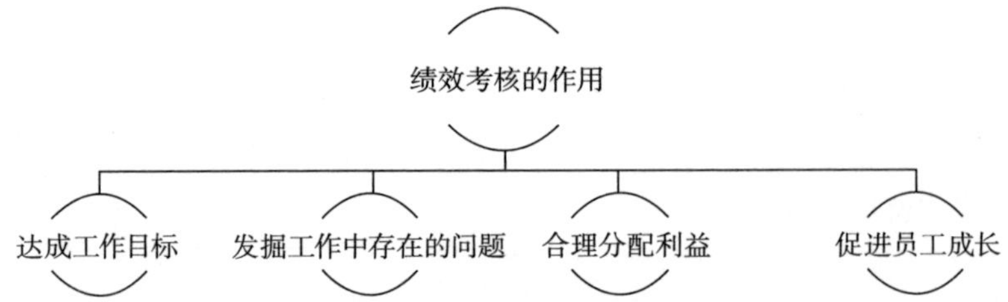

图 5－1　绩效考核的作用

在实际的绩效考核中，由于对绩效考核缺乏足够的认识，导致在绩效考核中出现了很多问题（见图 5－2）。这些问题的出现，会严重影响绩效考核的效果。作为管理者，要充分认识这些问题，并在实际的实施过程中尽力避免。

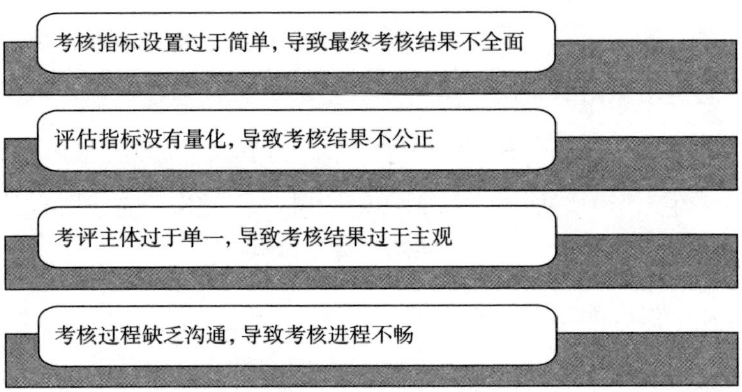

图 5－2　绩效考核中出现的问题

为了将绩效考核的效果最大化，管理者就要尽力避免绩效考核中有可能出现的问题。在绩效考核中，合理设置考核指标，避免考核指标过于简单；避免考评主体过于单一，让考核结果尽量客观；量化评估指标，保证评价结果的公平公正；并且，在实际考核的过程中，加强与员工之间的沟通，保证考核进程的有序推进。

将你想要的工作列入绩效考核计划

想让员工做你想要的工作，就把它列入到员工的绩效考核计划中，这样，员工自然会主动将你所希望的工作完成。通过这种方法，不仅能够帮助企业轻松完成既定的工作目标，还能够激励员工，提升员工的工作积极性，为企业创造更好的效益。具体来说，管理者可按照以下步骤进行：

第一步，制订明确的绩效目标。这是完成工作计划的第一步。值得注意的是，在这一过程中，需要管理者与员工共同制订每一位员工具体的工作任务和工作目标，以保证工作目标既能符合总体的工作要求，又能够符合实际，具有较强的可实施性。

在这一过程中，需要按照以下流程进行，见图5－3。

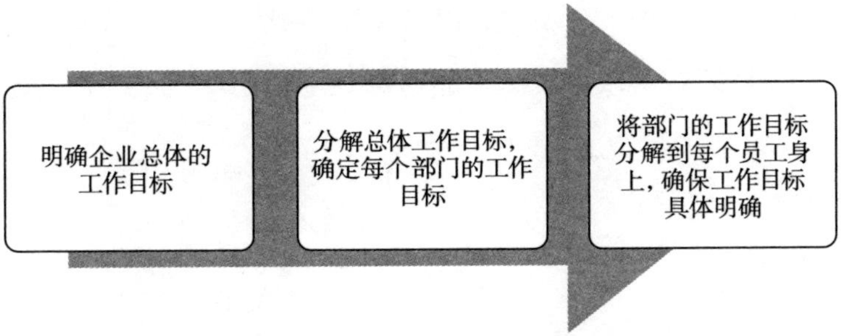

图5－3 制订明确的绩效目标

第二步，设定关键绩效指标即KPI。在设置考核指标时，为简化绩效考核，保证绩效考核的有序性，就需要设置关键绩效指标。在设置关键绩效指标时，主要依据“二八法则”将KPI划分为定量和定性，并对具体的工作目标进行权重的划分。

第三步，做好考核过程中的沟通和辅导。管理者对员工的沟通和辅导至关重要。如果缺少了对员工的沟通和辅导，员工非常容易在绩效考核过程中出现各种各样的问题时得不到及时的解决。这样的情况一旦出现，会严重影响绩效考核的最终效果。所以，管理者在考核的过程中，要做好员工的沟通和辅导工作，对员工的各项工作提供支持和帮助，沟通和辅导的过程可以是正式的，也可以是非正式的。通过沟通和辅导，保证绩效考核的有序实施。

第四步，做好绩效文档的记录。管理者在日常工作中应随时记录下有关员工的工作数据或事实依据，形成绩效管理文档，并以此作为最终考核的依据，确保绩效考核有理有据、公平公正。

第五步，做好绩效评价。在阶段性工作结束时，管理者要对阶段性业绩进行评价，以便能公正地、客观地反映阶段性的工作业绩，目的在于对以目标计划为标准的业绩实现的程度进行总结，进行业绩评定，不断总结经验，促进下一阶段业绩的改进。

管理者通过以上的五个步骤，能够将需要完成的工作成功列入员工的考核计划，通过绩效考核，使员工能够高效地将工作完成，同时起到激励员工的作用。

5.2 考核制度让员工站在同一起跑线

绩效考核制度是指对员工工作绩效的质量和数量进行评价，并根据员工完成工作任务的态度以及完成任务的程度给予奖惩的一整套科学、合理、全面的考核制度。任何一项工作的有序进行和有效实施，都离不开制度保障。绩效考核也一样，要想取得良好的效果，制度保证是第一位的。管理者在实施绩效管理时，首先要制订公平、完善的绩效考核制度。

公平公正的考核制度是保证考核效果的前提

公平公正的考核制度才能发挥激励作用。如果考核制度本身就不公平，那么绩效考核只会引起员工的反感，甚至降低员工的工作积极性。所以，激励员工，首先要保证绩效考核制度是公平公正的，让企业员工能够站在同一起跑线上。只有这样，员工才能信服绩效考核，重视绩效考核。

公正、完善的绩效考核制度要满足一定的条件。管理者在制订绩效考核制度时，要遵循制订绩效考核制度几个原则：

原则一：制度严格。绩效是对员工过去和现在的考察，也是对他们将来行为表现的预测。只有将绩效考核活动制度化，定期开展，才能全面了解员工的潜能，发现公司存在的问题，从而实现公司的高效运转。在制订绩效考核制度时，要保证该制度的严格性。只有严格的制度，才能保证实施过程的效果。如果该制度不严格，非常松散，那么绩效考核过程也只能是流于表面，无法对提升工作效率、激励员工起到实质性的帮助作用。

原则二：目标明确。绩效考核是一种管理工具。在考核的过程中，会涉及到员工的招聘、晋升、薪酬调整以及培训等。对于员工的工作具有非常明显的影响。为保证绩效考核的有效实施，在制订考核制度时，要设置明确的考核目标，为之后的实际考核提供指导。

原则三：透明度高。所谓透明度高，就是要求绩效考核制度能够取得企业中各个员工的一致认可，并且，每个员工都应该对考核制度有一个清晰明确的了解。只有考核标准具有较高的透明度，才能保证绩效考核的公平公正。所以，管理者在制订绩效考核制度时，要保证该制度的透明度，杜绝暗箱操作带来的不公平。因此，管理者需要做到以下几点，见图 5－4。

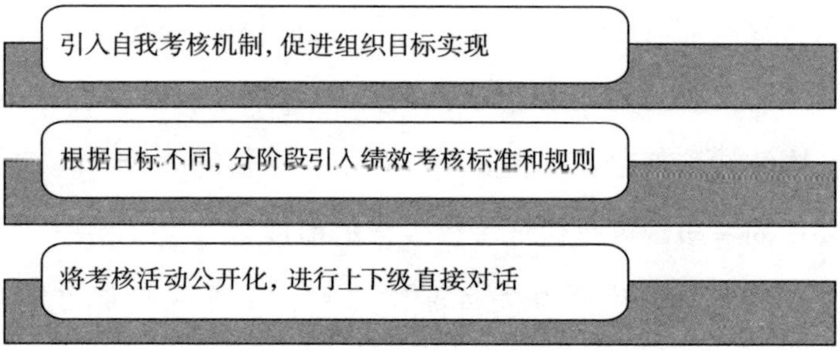

图 5－4 如何保证绩效考核制度的透明度

原则四：可操作性强。制订制度的最终目的是为了保证绩效考核的实际实施效果，所以，绩效考核制度一定要具有较强的可操作性。如果绩效考核制度不具备可操作性，那么这样的绩效考核制度实际上是无意义的。缺乏可操作性的绩效考核制度即使看起来非常完善，也不过是纸上谈兵，无法起到实质性的作用。

三步设置绩效考核制度

绩效考核制度对于绩效考核的实施具有重要意义，所以，管理者在制订绩效考核制度时，需要通过三个步骤来设置完善该制度。

步骤一：选择合适的考核工具。绩效考核工具能够保证绩效考核按照一定的模式进行，保证绩效考核的有序性。不同的绩效考核工具所适用的情况不同，并且，不同的绩效考核工具所发挥的作用也有明显不同。常用的绩效考核工具主要有以下几种，见图 5－5，管理者在选择绩效考核工具时，要根据自身企业的实际情况，选择合适的绩效考核工具。

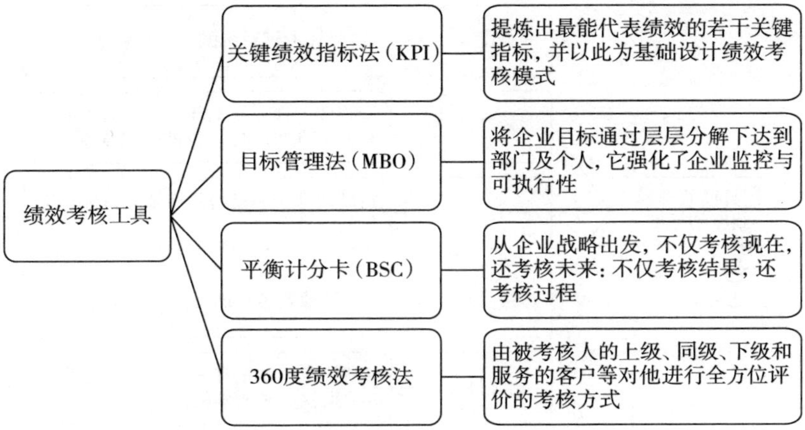

图 5－5　绩效考核工具的种类和适用情况

在选择绩效考核工具时，首先，要考虑所选的考核工具是否适合自身企业的实际情况；其次，还要考虑绩效考核工具的使用成本。企业的任何行为都要考虑成本问题，所进行的任何活动，一旦成本过高，不仅无法给企业带来帮助，反而给企业造成伤害。所以，选择绩效考核工具时，也要考虑绩效考核工具的使用成本。有的考核工具中的考核表格需要请专家顾问专门开发，这就需要很高的经济成本，还需要耗费大量的人力物力，这都是管理者需要考虑的问题；最后，还需要考虑具体的工作性质。在实际的考核过程中，是根据职位性质的不同选择不同的考核方式，还是使用同样的标准考核所有的人，是管理者需要考虑的另一个问题。在考核过程中，所遵循的原则应该是将考核过程与考核系统尽量简单化，当所有的员工都使用同样的方式进行考核时，也需要针对考核内容的权重不同而选择不同的侧重点。

步骤二：确定制订绩效考核制度的标准。绩效考核标准对于绩效考核制度的制订具有重要的指导意义。在制订绩效考核制度时，要严格按照绩效考核标准制订。通常，绩效考核标准主要表现在以下几个方面，见图5－6。

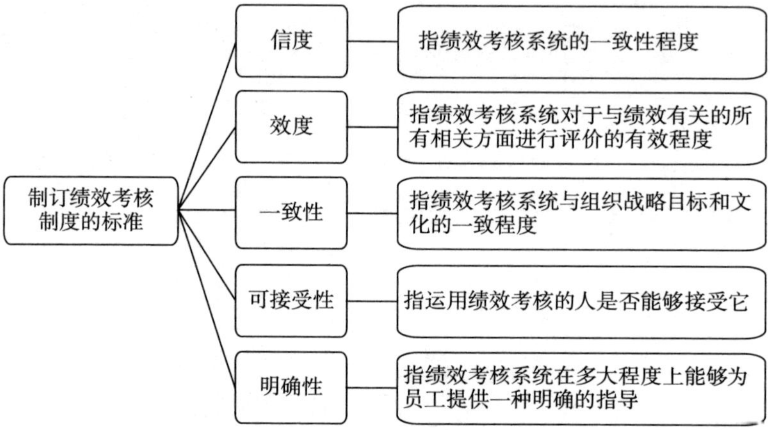

图 5－6　制订绩效考核制度的标准

步骤三：确定绩效考核指标体系。在确定绩效指标考核体系时，要进行工作分析，并根据工作分析确定初步的指标，然后运用绩效考核体系对指标进行论证，验证考核指标的可行性，最终确定具体的绩效考核指标。为了使确定好的指标更趋合理，还应对其进行修订。在考核前通过咨询专家，将所确定的指标提交组织高层管理者、学术权威或专家进行审议，征求意见，修改、补充和完善绩效考核指标体系；考核后根据考核结果应用之后的效果等情况进行修订，使考核指标内容更加理想和完善。

5.3 绩效指标设计要降低偏差度，增强满意度

在绩效考核的过程中，要通过薪酬型激励实现对员工的管理，坚定员工在工作中的信心，首先要做好绩效考核。而做好绩效考核的关键，就是要做好绩效考核指标设计。绩效考核指标就是在绩效考核中，按照一定的标准，采用科学的方法，对员工的工作能力以及工作态度等各个方面进行综合的检查和评定，最终确定其工作业绩和工作潜力的绩效管理指标。绩效指标对于绩效考核的有效实施具有重要的指导作用。所以，管理者需要在最大程度上降低绩效指标设计的偏差度，增强其满意度，使其激励员工的作用更加明显。

找出并避免绩效指标设计中经常存在的问题

绩效考核指标对于绩效考核的顺利实施以及作用发挥具有非常重要的意义，所以，绩效考核指标的设计就显得尤为重要。通常，绩效考核指标在绩效考核中，具有以下几个方面的作用，见图 5 –7。

如果绩效指标设置不好，不但无法起到帮助作用，甚至会影响绩效考核的最终结果。所以，管理者在设计绩效考核指标时，要注意可能使绩效指标出现问题的多种因素，并且在实际设计绩效指标时，有效避免这些问题，见图 5 –8。

以上的问题，在管理者设计绩效指标时经常出现。一旦出现这样的问题，就会影响绩效考核的最终效果。所以，管理者在设计绩效考核指标

时，注意绩效指标不宜设计得过少或者过多，要根据企业的实际情况，设置合适数量的绩效指标；并且，绩效考核指标也不宜设置得过浅或者过深，影响员工对绩效指标的理解；最后，在设计绩效指标时，要尽量保证绩效指标的连贯性与客观性，保证绩效指标能够运用于绩效管理的实际，为最终达到绩效考核的效果与目标提供保障。

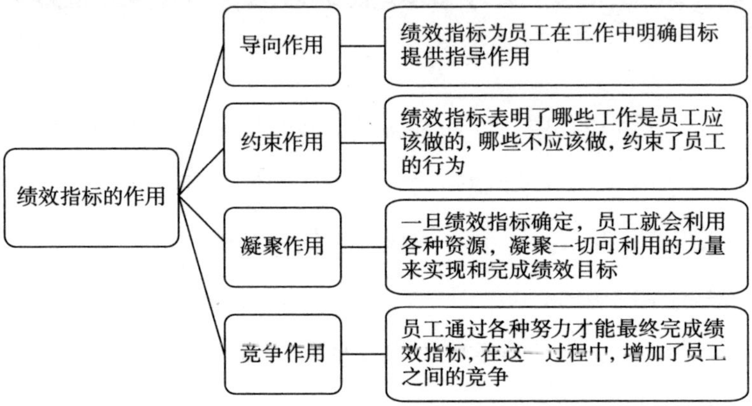

图 5-7 绩效指标的作用

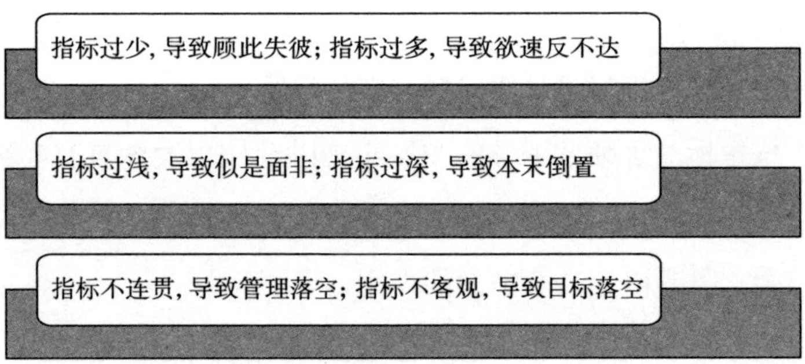

图 5-8 绩效指标设计中存在的问题

提炼并设计绩效考核指标

要想将所设计的绩效考核指标尽量减少偏差度，增加满意度，管理者就要学会提炼并且设计绩效考核指标。在提炼绩效考核指标时，首先要让绩效考核回归真正的绩效。绩效考核是对员工的评价，而绩效则是一个含义较为广泛的概念。在不同的情况下，绩效有不同的含义。通常，“绩”指的是员工的工作业绩，也就是员工在工作中所取得的结果；而“效”则指的是员工的工作效率，也就是员工的整个工作过程。绩效关注员工在工作中的结果，同样也关注员工取得工作成绩的过程。所以，在设计绩效考核指标时，要把握好缺什么，就考什么的原则。并且，由于绩效考核指标繁多，为了更好地达成绩效考核的目的，简化绩效考核的过程，就要设置关键绩效指标。通过设置关键绩效指标，着重对员工的某一方面进行考核，达到激励员工的目的。

关键绩效指标即 KPI，是对公司及组织运作过程中关键成功要素的提炼和归纳。关键绩效指标将员工的工作与公司远景、战略与部门相互连接，层层分解，层层支持，使每一位员工的个人绩效与部门绩效都与公司的整体效益直接挂钩；并且保证了员工的绩效与外部客户的价值相连接，共同为实现客户的价值服务。关键绩效指标应该是少而精的，并且还要是可控和可以管理的。设计好关键绩效指标，对于更好地实行绩效考核具有非常重要的作用。

在设计关键绩效指标之前，管理者首先要明确关键绩效指标的来源，寻找正确的关键绩效指标，然后才能从中选取合适的关键绩效指标。通常，关键绩效指标的来源包括以下几个方面，见图 5－9。

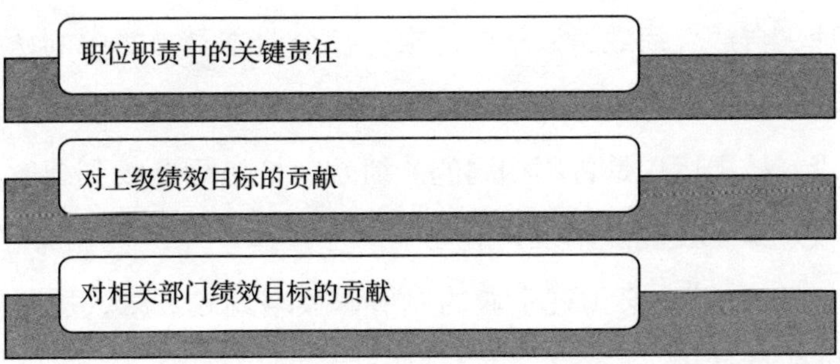

图 5－9　关键绩效指标的来源

管理者在设计关键绩效指标时，可以遵循以下设计思路（见图 5 - 10），针对自己企业的实际情况，设计合适的关键绩效指标。

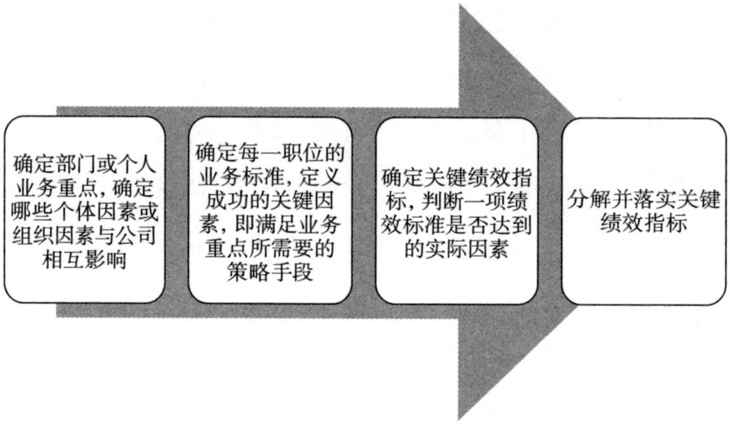

图 5 - 10 关键绩效指标的设计思路

依据 SMART 原则设计绩效指标

绩效考核指标要想设置合理，首先要保证与企业的整体战略目标一致。只有这样，才能够保证绩效考核的全过程都围绕着企业的整体发展进行，并最终为实现企业的整体战略目标服务。并且，绩效考核指标应该是能够突出考核重点的。考核指标有很多，在绩效考核中，不可能一次将所有的考核指标都纳入绩效考核的内容，因为这样不但无法对绩效考核提供帮助，还会导致绩效考核过程的混乱。所以，绩效考核指标最重要的是要设置得合理、合适。绩效考核指标是根植在企业本身土壤中的，是非常个性化的。不同行业、不同发展阶段、不同战略背景下的企业，绩效考核的目的、手段、结果运用是各不相同的。绩效考核指标要收到绩效，关键并不在于考核方案多么高深精准，而在乎一个“适”字。现在的“适”，不等于将来永远“适”，必须视企业的发展、战略规划要求，适时做出相应调整，才能永远适用。

管理者在设置绩效考核指标时，要严格根据 SMART 原则（见图 5 -

11）进行设置。保证所设置的绩效考核指标符合 SMART 原则中的各项要求。通过这样的方法，设置合适的绩效考核指标。

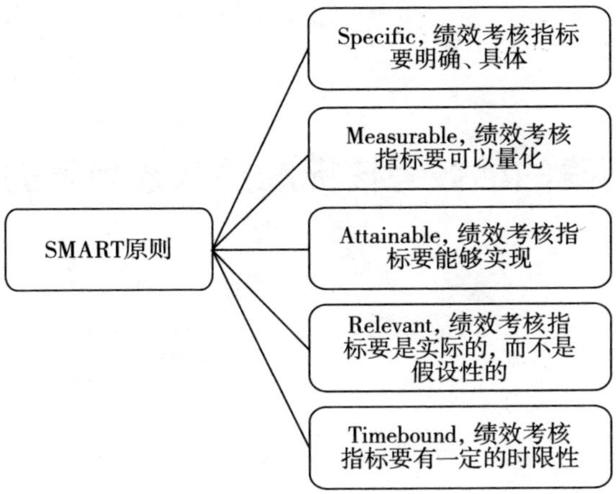

图 5－11　SMART 原则

5.4 明确的绩效考核标准是有效激励的前提

绩效考核标准，指的是绩效考评者通过测量或者通过与被考评者约定所得到的衡量各项考核指标得分的基准。绩效考核标准对于最终的绩效考核具有重要的指导意义。明确的绩效考核标准能够保证在绩效评价阶段，有明确的评价标准，从而保证绩效考核的公平与公正。而只有绩效考核做到公平公正，才能在真正意义上实现对于员工的激励作用。所以，明确的绩效考核标准是有效激励的前提。要想做好员工激励，就要在绩效考核时设置明确的绩效考核标准。

明确的绩效考核标准的构成

管理者在设置明确的绩效考核标准时，首先要明确它的构成，根据它的构成来合理设置。通常，绩效考核标准包括以下几个方面：

1. 标准强度和频率

所谓标准强度和频率，指的是评价标准的内容，也就是各种规范行为或对象的程度或相对次数。标准强度和频率属于评价的主要组成部分。管理者在设置绩效考核标准时，要明确绩效考核标准的强度和频率，通过设置合理的强度和频率，保证绩效考核的有效实施。

2. 标号

所谓标号，是指不同强度和频率的标记符号，通常用字母（如 A、B、C、D 等）、汉字（如甲、乙、丙、丁等）或数字来表示。标号没有独立的意义，只有我们赋予它某种意义时，它才具有意义。在设置绩效标准时，通过设置标号，可以将各项标准进行准确地区分。通过这样的方式，保证绩效考核标准的明确性，从而更好地为绩效考核服务。

3. 标度

标度是评价标准的基础部分，它同评价的计量与计量体系有密切的关系。标度，就是测量的单位标准。通常，标度可以有以下几种表现形式，见图 5 – 12。

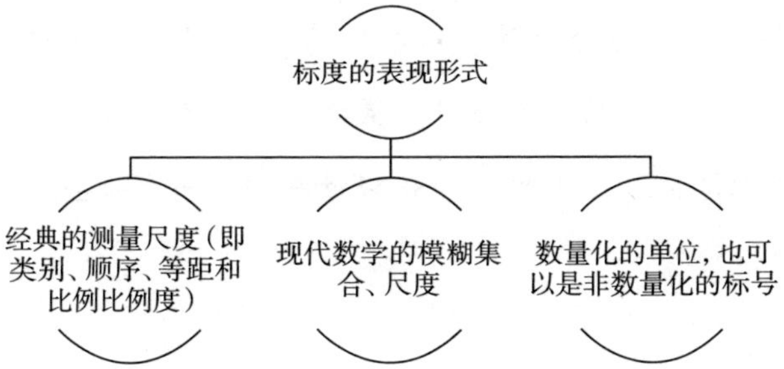

图 5 – 12　标度的表现形式

在绩效考评中，各种内容、标度和属性的标准之间，存在着密切的内在联系，它们相互依存、相互补充、相互制约，组成一个有机整体，这就是考评标准体系。管理者在设置绩效考核标准时，要严格按照绩效考核标准的内容，设置绩效考核标准的各个部分，保证绩效考核标准能够为之后的绩效考核提供借鉴作用。

明确绩效考核标准要求，保证实施效果

绩效考核标准是指导绩效考核的关键因素，明确的绩效考核标准是绩效考核顺利实施的重要保证。没有明确的绩效考核标准就没有绩效考核。如果绩效考核标准设置不好，那么在之后的绩效考核过程中，就会出现一系列的问题，最终影响绩效考核的实施效果。

张琳是一家公司的销售主管，在对员工的激励管理中，张琳为员工设置了绩效考核，对员工实行薪酬激励。但是，张琳在设置绩效考核的标准时，只是随便将考核标准进行了设置。张琳认为，绩效考核标准只是一个摆设，对实际的绩效考核过程并不会起到实质性的作用。只要在实际的绩效考核中做好把控，绩效考核标准并不会对绩效考核的最终效果产生影响。

实际上，由于在实行绩效考核之前，张琳没有将绩效考核标准设置清楚，导致在绩效考评阶段，缺少了明确的评价依据。最终只能依据考评者的个人观点为每位员工打分排序。这样的考核结果引起了很多员工的不满。很多员工都认为考核结果不公平。最终，绩效考核不但没有起到激励员工的作用，反而降低了员工的工作积极性和对企业的忠诚度，使工作效率有了明显的下降。

所以，明确的绩效考核标准对于绩效考核具有重要的意义。管理者在对员工实行绩效考核制度时，首先要制订明确的绩效考核标准。员工的绩效评价标准既要达到评价的各项目的，又要被评价员工普遍接受。在制订评价标准时，应满足以下要求，见图5－13。

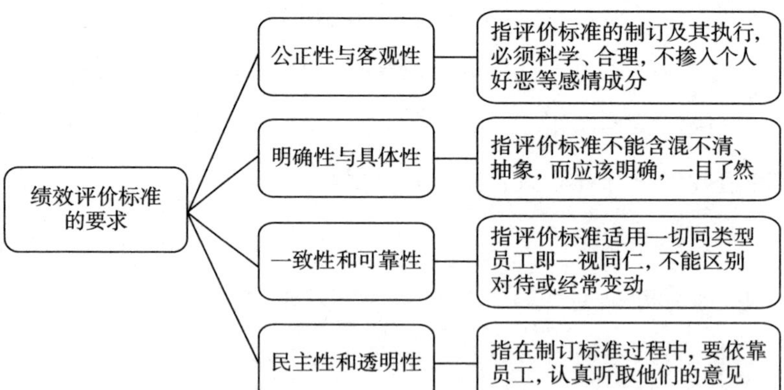

图5－13　绩效评价标准的要求

注意设置绩效考核标准的问题

管理者在设置绩效考核标准时需要注意一些问题，避免绩效考核标准的设定不符合要求。要使最终设置的绩效考核标准能够为绩效考核、激励员工发挥更加重要的作用。

管理者在制订绩效考核标准时，要着重注意以下问题：

问题一：考评的项目名称、计量单位以及最终成绩的计算方法要与目标体系一致。

避免在绩效考评阶段由于各个因素不一致而引起评价混乱，影响最终成绩。

问题二：评级尺度要明确。

在修改考评内容时，为了让考评内容更加明确，就要将能量化的尽可能量化，通过量化，能够在评价分级时，让考评人对员工的工作成绩进行更准确地分级。在给员工设置分级标准时，通常有以下标准，见图 5－14。

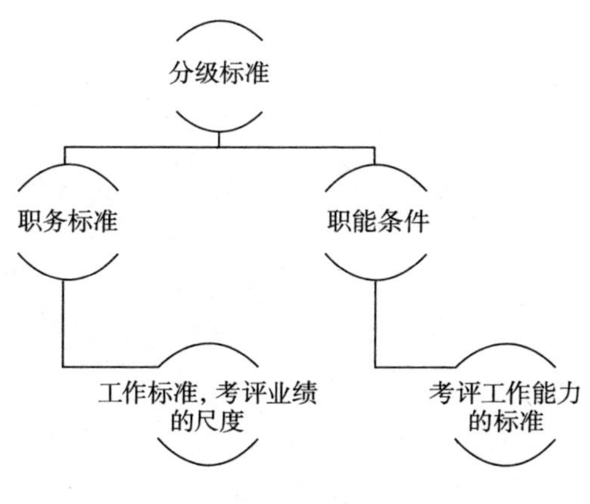

图 5－14　给员工设置的分级标准

问题三：选择绝对考核标准。

所谓绝对考核标准，指的是考核标准是确定的、唯一的标准，而不是相对标准。在设置考核标准时，要尽可能让同一考评人考评，并且，还要避免将不同职务的员工的考评结果进行比较。因为不同职务的考评标准不同，所以不同职务之间的比较意义不大。

5.5　公平的绩效评估保证激励持续进行

绩效评估，又被称为绩效评价，指的是运用数理统计以及特定的考核指标体系，对照统一的标准，按照一定的程序，通过将员工的各项工作成绩进行定性或者定量的分析，对员工的工作行为和工作成果进行测量的一种方式。绩效评估是一种正式的员工评估制度。绩效评估是绩效管理的重要一环，对于员工的薪酬调整以及职务升降具有非常直接的影响，所以，要在绩效考核中对员工实行激励管理，就要保证绩效评估的公平，从而使对员工的激励能够持续进行。

选择合适的绩效评估类型

绩效评估是绩效管理的重要一环，对于薪酬设计具有非常重要的指导意义。通常，绩效评估有以下几种类型，见图 5－15。

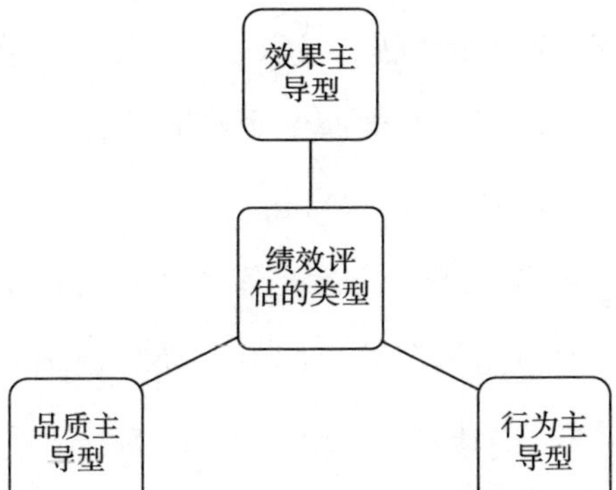

图 5－15　绩效评估的类型

避开绩效评估的误区

在绩效评估的过程中，很多企业都会存在一定的误区，导致绩效评估结果失去了公平性，这样不仅影响了绩效管理的效果，还降低了员工的工作积极性。所以，为了保证激励效果，管理者要了解绩效评估的常见误区，并在实际的绩效评估的过程中，采用一定的方法，避免自己陷入误区。

通常，绩效评估主要存在以下几个误区，见图 5－16。

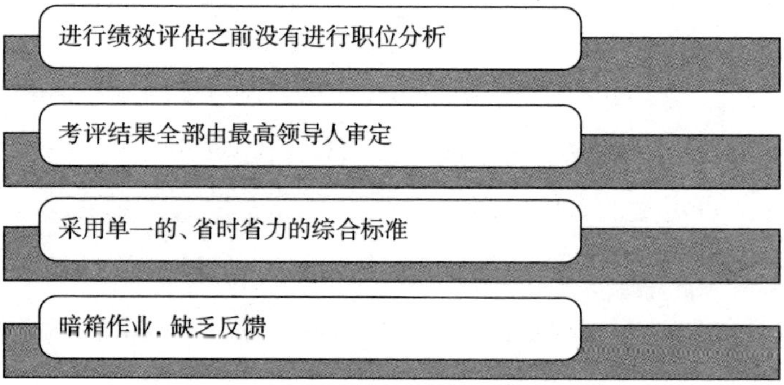

图 5－16　绩效评估的误区

具备完成绩效评估的三个条件

管理者在进行绩效评估时，之所以会出现上述绩效评估的问题，最重要的原因就是绩效评估展开的条件不全面。由于准备条件不充足，导致在绩效评估过程中出现一系列的问题。所以，通常进行绩效评估需要同时具备以下三个条件，才能够保证绩效评估顺利进行：

条件一：具有明确的绩效评估标准。

明确的标准是实施有效评价的首要前提。在进行绩效评估时，明确的标准是准确评估的重要依据和保障。所以，要想让绩效考评的结果公平公正，就要有明确的绩效评估标准。在评估的过程中，严格按照评估标准进行评估，避免由于缺乏明确的评价标准，给评估带来困难，影响最终评估结果的公正。

条件二：掌握完整的信息。

要进行有效评估，就必须充分掌握相关信息，这些信息必须能够全面、准确地反映实际状况与预定标准之间的差异程度。信息不完整，就不能形成有效的绩效考评。所以，绩效考评必须要有足够的、准确的信息供给。为保证在绩效评估时能够掌握完整的信息，一方面管理者需要将员工的各项工作信息进行整理；另一方面，企业还应该建立完善的信息系统，科学地处理各类数据，以便得出正确的考评结论。

条件三：评估组织要具有科学权威。

评估组织包括评估人员和评估方式。即使考评制度非常完善，如果评估人员缺乏必要的培训，也绝对不能将这一制度发挥出其应有的作用。有效的评估组织应该兼具权威性与科学性。通常，评估组织应该具备三个层次，见图 5－17。

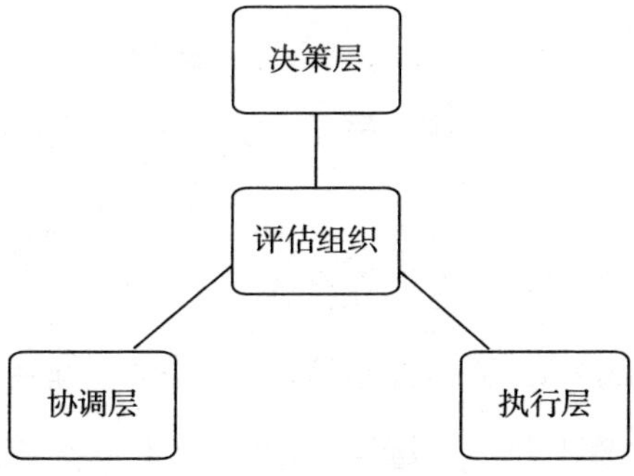

图 5－17　评估组织应该具备的三个层次

为保证评估的效果，管理者要设置好评估组织的三个层次，保证评估组织的科学性与权威性。

掌握绩效评估的原则

实际上，绩效评估是一项非常复杂的工作，要想提高绩效评估工作的质量，达到预期的评估效果，就要遵循绩效评估的几个原则（见图 5－18）。在绩效评估的过程中，严格按照绩效评估的原则进行，保证绩效评估的效果。

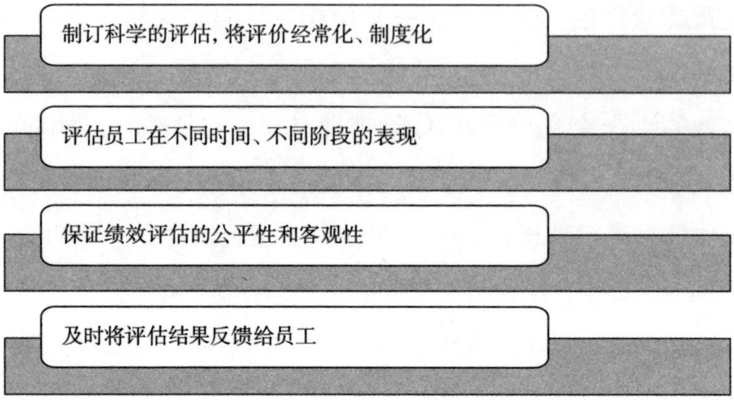

图 5－18　绩效评估的原则

选择合适的绩效评估方法

为保证绩效评估的效果，在实施绩效评估的过程中，企业要根据实际情况，选择合适的绩效评估方法，或是将多种绩效评估方法结合使用，保证所使用的绩效评估方法能够将员工的绩效进行最公正的评估，以实现对于员工的激励。

通常，绩效评估主要有以下几种方法：

方法一：上级考评。考评人是被考评人的管理者，并且，大多数情况下考评者应该是被考评者的直接管理者。由于直接管理者对于被考评人在工作中的各种表现有更加直观的认知，在对被考评人进行评估时，更加能够以被考评人的日常表现为出发点，评估结果也更加客观、真实。通常，上级考评主要评估员工的两个方面，见图 5－19。

管理者如果要采用上级考评的方式对员工工作绩效进行评估，就要让被考评员工的直接管理者对员工进行绩效评估，并且严格按照上级考评的两个方面进行。

方法二：互评。互评是员工之间相互考评的考评方式。互评适合于主观性评价，例如，员工工作态度等方面的评价。利用员工互评的方式，能够增强员工之间的交流，并且，在员工相互交流与评价的过程中，能够让员工了解相互之间的优点，相互学习，促进员工进步。总体来说，员工互评具有以下几点优点，见图5－20。

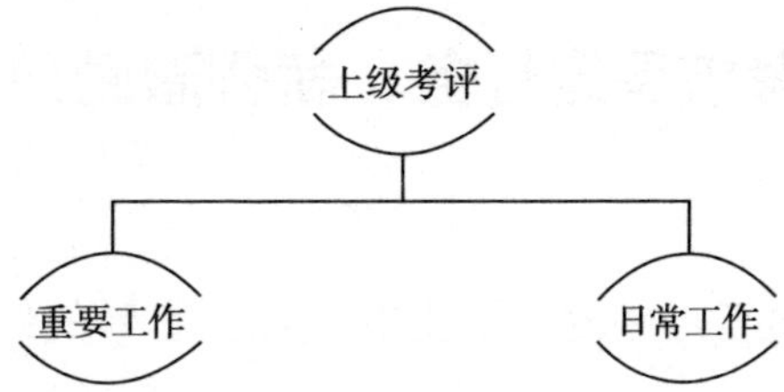

图5－19　上级考评的两个方面

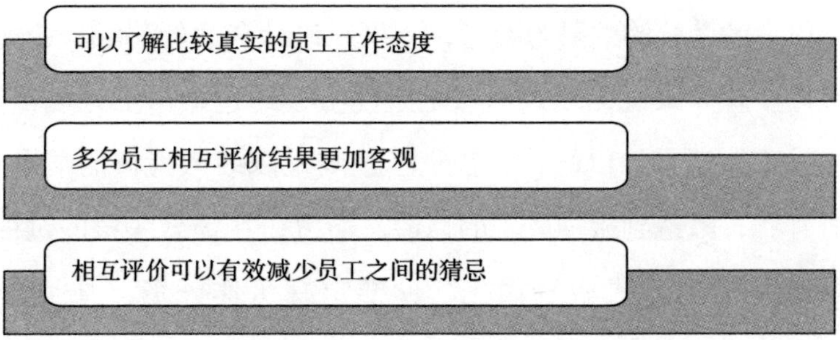

图5－20　员工互评的优点

方法三：自评。自评是除上级考评与员工互评之外的另一种评价方法。自评即被考评人的自我考评，考评结果一般不计入考评成绩，但它的作用十分重要。自评是被考评人对自己的主观认识，它往往与客观的考评结果有所差别。考评人通过自评结果，可以了解被考评人的真实想法，为考评沟通做准备。另外，在自评结果中，考评人可能还会发现一些自己忽略的事情，这有利于更客观的进行考评。

管理者在进行绩效评估时，要综合使用以上绩效评价的方法，让绩效评估结果更加全面、准确、公正，从而对员工起到持续激励的作用。

5.6 绩效考核是定任务，薪酬激励是分好钱

绩效考核是绩效管理中的一个重要过程。有效的绩效考核能够通过将整体工作任务进行分解，给每个员工确定工作任务，并通过绩效管理激励员工以最高的工作效率完成工作目标，以帮助企业达成工作目标。而薪酬激励则是以绩效考核的结果为参考，为员工设计合适的薪酬，调动员工的工作积极性。总体来说，绩效考核是定任务，通过给员工分解工作任务，以达到提升工作效率的目的；而薪酬激励则是以绩效考核的结果为依据，为员工分好钱，以达到激励员工的目的。所以，在绩效考核的过程中，想要通过薪酬激励的方式激励员工，就要定好工作任务，并且给员工分好钱。

定好工作任务，做好绩效考核

绩效考核在本质上是一种过程管理，而不仅仅是对员工工作结果的考核。在绩效考核的过程中，可以将企业总体的工作目标分为年度目标、季度目标、月度目标等，通过将总体的工作目标进行层层分解，将具体的工作分配给每位员工。在给员工定好工作任务之后，员工对自己的工作范围有了更加明确的认知，加上有了绩效考核的督促，可以让员工在工作中变得更加积极。所以，在绩效考核中，要重视给员工定好工作任务。

给员工定好工作任务，首先要明确绩效目标。所谓绩效目标，具体地讲是指员工未来绩效所要达到的目标，它可以帮助员工关注那些对于组织

来说更为重要的项目，鼓励较好的计划以分配关键资源，并且激发为达到目标而做的行动计划准备。而员工个人绩效目标又来源于组织、部门的总体目标的分解和传承，即通过一种专门设计的过程使目标具有可操作性，这种过程一级接一级地将目标分解到组织的各个单位。组织的整体目标被转换为每一级组织的具体目标，即从整体组织目标到经营单位目标，再到部门目标，最后到个人目标。而在这一过程中，需要注意的是，在管理者制订完工作目标时，要让员工参与进来，通过双方的确认，保证工作目标的合理有效。

在确定了工作目标之后，为更好地确定每个员工的工作任务，还要为每项工作设定一定的标准。如果仅有工作目标而缺乏明确的工作标准的话，是无法真正确定员工的工作任务的。在制订工作标准时，可以将标准的设定分为不同的层次，例如，优秀、良好、合格等。通过设置不同的层次，不仅能够对员工的工作起到指导作用，还能大大简化之后的绩效考评工作。

做好薪酬设计，实现薪酬激励

薪酬激励是员工激励的重要方式。以绩效考核的结果为依据的薪酬激励，能够有效提升员工的工作积极性。而要实现薪酬激励，就要做好薪酬设计，通过为员工分好钱，提升员工的工作积极性。

薪酬设计是指企业确定薪酬时，与外部薪酬水平相比较所采取的薪酬水平定位。“劳有所获，多劳多得”。合理的薪酬设计能够有效提升员工的工作积极性，而如果薪酬设计得不合理，让员工感觉到不公平，那么薪酬设计不但不能起到激励员工的作用，反而有可能起到反作用。所以，在进行薪酬设计时，一定要按照一定的原则与方法，力求将薪酬设计制订得合理。

通常，一个合理的薪酬体系应该满足以下三个基本原则，见图 5－21。

- 员工的薪酬水平与同行业其他企业相比具有合理性
- 企业内部各员工的薪酬水平要公平
- 薪酬体系满足企业的战略发展要求

图5－21 合理的薪酬体系的原则

员工的薪酬由不同的部分组成。通常，薪酬包括直接薪酬和间接薪酬两部分。其中，直接薪酬主要包括员工的工资、奖金以及年薪；而间接薪酬主要包括员工的福利、红利以及股权等。做好薪酬设计，就是要合理设置薪酬的各个部分。因为薪酬中的每一个部分都是激励员工的关键，每一个部分都会对提升员工的工作积极性有所促进。

海底捞是著名的火锅连锁企业，以其优质的服务被广大消费者所喜爱。海底捞的员工在工作中似乎总是充满了热情。而让海底捞的员工保持持续工作热情的法宝就是海底捞的薪酬设计制度。

海底捞以员工的绩效考核结果为参考，为员工设计了完善的薪酬制度。以海底捞的普通员工薪酬设计为例，海底捞的员工薪酬表如下，见表5－1。

表5－1 海底捞的员工薪酬表

劳模员工：总工资＝月薪＋级别工资＋荣誉奖金＋工龄工资＋分红
一级员工：总工资＝月薪＋级别工资＋工龄工资＋分红
二级员工：总工资＝月薪＋级别工资＋工龄工资
新员工：总工资＝月薪＝基本工资＋加班费＋岗位工资＋其他－员工基金

海底捞的员工薪酬设计看似很复杂，实际上，每一个部分都能够对员工的工作起到激励作用。所以，做好薪酬设计，给员工分好钱，是激励员工的关键。

在设计薪酬体系时，可以按照以下标准对员工的薪酬标准进行设置，见表5－2。

表5－2 员工的薪酬标准

高层管理：基本工资和绩效奖金从比例为60%和40%～40%和60%
中基层管理：基本工资和绩效奖金从比例为70%和30%～60%和40%
普通员工：基本工资和绩效奖金从比例为80%和20%

5.7 激励要以考核为基础，考核要以激励为目标

激励与考核在对员工的激励管理中处于同等重要的地位。为表明激励与考核在员工的激励管理中的作用，有人将两者形象地比喻为经营管理的孪生兄弟。实际上，在很大程度上，激励与考核既是一对共生体，又是一对矛盾体，但是无论怎样，这两者永远是员工激励管理中最难以被忽视的话题。因而，如何保证激励与考核相辅相成、相得益彰，就成为管理者或团队领导者必须要思考的问题。为了保证激励管理的效果，管理者在处理两者的关系时，应该做到激励要以考核为基础，而考核要以激励为目标。

激励与考核同宗同源，协调一致

激励与考核在员工的激励管理中具有同等重要的作用。不论是激励还是考核，其最终的目的都是要激励员工，提升员工的工作积极性，为企业创造更多的效益，最终完成企业的经营管理目标。所以，在员工的激励管理中，激励与考核在出发点上要始终保持一致，并且最终所要达到的目标也应该保持一致。从激励与考核的具体性质来看，两者在两个方面都具有统一性，见图 5－22。

由于激励与考核具有统一性，所以，激励与考核在企业的激励管理中，要受到同等的重视。在实际的管理过程中，管理者还需要在两者之间建立动态的联系。通过两者在管理中共同发挥作用，保证员工的激励管理

取得最佳的效果。

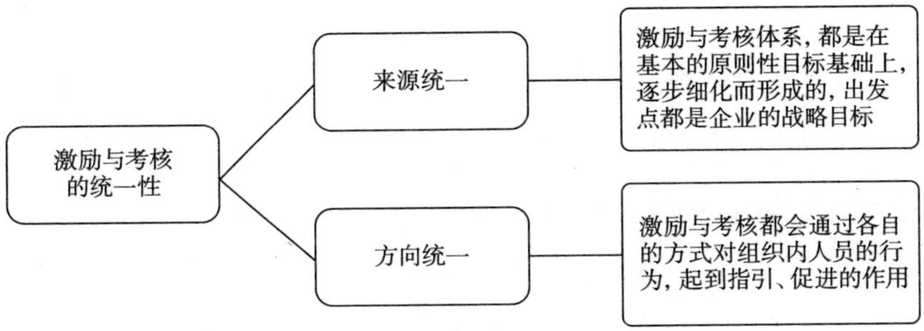

图 5－22　激励与考核的统一性

但是，在实际的管理过程中，很多管理者并不能很好地处理两者之间的关系，导致在企业管理中，往往只重视激励的作用，或者只注重考核的作用。这样的做法不仅无法对员工的激励管理起到积极的作用，还会对员工的激励作用产生负面的影响。

如果在员工的激励管理中，只强调激励的作用，而忽视考核，时间一长，员工就会降低在工作中的紧迫感，而变得贪图享乐，缺乏战斗力，长此以往，非常不利于工作效率的提升；如果在员工的激励管理中，只强调考核的作用，而忽视激励，那么员工就会长期处于考核的巨大压力中，不仅工作积极性无法得到提升，还会由于工作压力巨大而引起员工的反感，从而造成工作团队不稳定，影响工作效率。所以，在对员工的激励管理中，仅仅强调两者之一是无法实现员工激励的，只有两者齐头并进，才能最终取得良好的效果。

将激励与考核充分联系，让激励与考核相得益彰

要想让激励与考核相得益彰，最根本的方法就是要将激励与考核充分联系，并在其充分联系的基础上，让考核成为员工的自觉行为，让激励成为员工管理中可以预期的收益。让以往被动的考核变为员工主动需要的考核，让平时随机性的员工激励行为成为具有一定可预期收益的固化的激励体系。通过这样的方式，实现激励与考核在员工管理过程中的相互促进的关系。

为了保证激励与考核能够在管理过程中实现充分的联系，就要从组织与个人两个层面上进行细化管理。

第一，在组织层面上，要着重做好考核工作。通过做好考核工作，提升团队整体的执行力。在这一过程中，管理者要设计完善的绩效考核体系，并在考核过程中严格按照既定的考核制度执行。企业只有在考核的过程中严格执行考核制度，员工才能认真对待考核指标。而为了让考核与激励更好地结合在一起，考核完毕之后，管理者还应该严格按照既定的激励制度执行，给员工兑现之前的承诺，让员工真正感受到考核之后所受到的激励。只有这样，员工才能重视考核，并在激励中变被动工作为主动工作。

第二，在个人层面上，要提升员工对于激励与考核的认可度。只有员工能够高度认可激励与考核，才能在实际工作中主动遵守，激励与考核才有可能发挥出应有的作用。所以，要提升员工对于激励与考核的认可度，保证工作团队中绝大部分的员工都充分认可团队中的考核体系和激励体系。并且，在实际的实施过程中，要在团队内部建立相应的管理体系，并将员工的管理着重放在激励与考核上。在这一过程中，既要保证团队管理体系的有效实施，又要在最大程度上满足员工个体的实际需求，将激励的作用最大化。

完善相应的考核激励机制

为了保证考核与激励能够在员工管理的过程中共同发挥作用，就需要完善相应的考核激励机制，让考核促进员工主动工作，让激励提升员工工作积极性。因此，管理者需要做好以下几个方面，见图5－23。

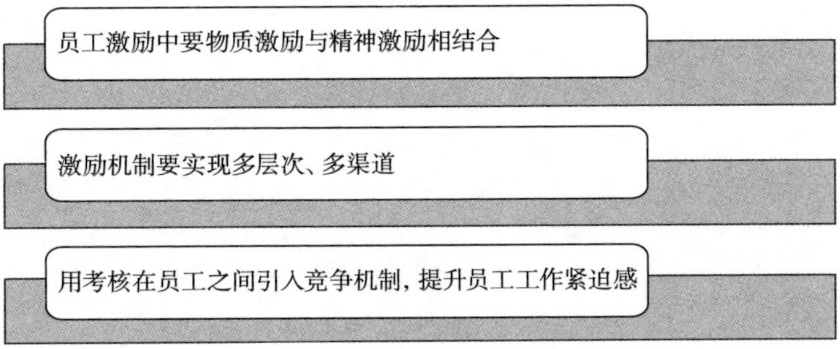

图 5－23　如何完善考核激励制度

管理者在完善考核激励制度的过程中，就可以将激励与考核同时运用在员工管理过程中，通过激励与考核双管齐下，达到激励员工的目的。

第 6 章

制度实施：示范型激励感染员工斗志

完善的管理制度是保证企业良好运营的重要手段。管理者采用示范型激励即榜样激励的方式，遵章守法，树立标杆，员工自然愿意效仿，在管理红线内高效执行任务、圆满完成目标，确保企业有序经营。

6.1 制度才是真正的老板

制度，指的是要求大家共同遵守的办事规章程序或行为规则，比如人事制度、财务制度，等等。而制度管理是指企业通过制订相应的制度并落实制度来管理企业的一种方法和手段。在企业管理中，不能仅仅依靠人来管理，更重要的是要依靠制度对员工进行管理。管理的根本目标在于显示公平与提高效率。要想达到这个目标，必须有制度作保证。如果没有制度，管理者在处理问题的时候，就会缺乏标准，这就很难保证公平和效率。所以，制度才是真正的老板。一个企业有良好的制度，其有序运营才会有保障。

良好的制度是企业发展的催化剂

著名的管理学大师彼得·德鲁克曾经说过："一个不能将制度看作是企业灵魂的企业，根本配不上称为企业。"在一家企业中，如果管理是树林，那么制度就代表了滋养万物的土壤。只有肥沃的土壤，才能培育出茂盛的植物；只有健全、完善、合理的制度，才能让管理者从烦琐的事务中解放出来，才能为领导与员工提供尽可能大的创造空间，也才能使企业的管理走向正规化，实现真正规范有效的管理。

制度管理能不断优化企业管理。在落实制度、处理问题的时候，可以不断在实践中发现制度的缺陷，然后不断完善制度。随着制度的不断完善，企业管理也会不断优化。否则，处理任何问题都很随意，那么以后同样的事情出了问题，就谈不上借鉴经验，也不知道在哪里改正，而且会产生很多人为的矛盾，增加管理的成本。良好的工作制度能够最大限度地激发员工的工作潜力。所以，良好的制度是企业发展的催化剂。

某家化妆品公司由于在管理制度方面设置不完善，导致在经营管理过程中出现了一系列的问题。由于没有明确的制度规定，这家化妆品公司中的员工大都有迟到早退的现象，有的甚至不顾公司的利益，做出了伤害公司利益的行为。在这样的情况下，仅仅依靠人的管理已经没有明显的作用了。

为了改变这种情况，这家化妆品公司开始设置一系列完善的制度，员工在工作中必须遵循规章制度。不论是经营方面，还是考勤方面等，都要按照规定严格执行。员工一旦出现不符合工作制度的行为，就要按照既定的奖惩规则进行惩处。由于有了明确的制度，员工在出现问题时再也不能以没有明确的规定为理由蒙混过关。所以，员工在工作中都严格按照制度规定办事。也正是通过这样的方式，使得这家化妆品公司的销售业绩直线上升，并且公司内部的运营也变得井然有序。

三个条件都有，制度威力才会有

从上述的案例中，可以看出制度对于企业发展的催化作用。制度在企业发展中具有强大的威力。当所有的人都按制度运作，步调一致、频率相同时，就能产生“共振”。而这样的“共振”，就是企业发展的动力。而要发挥制度的威力，需要同时具备三个条件，见图6－1。

科学制订，有效执行

制度就像一把标准的尺子，它时刻衡量着领导和员工的行为。在制度的规范下，管理者不用再去强调员工应该怎样做，节约了各自的时间和管理成本；员工也不用再去百般思索自己是否会因一些行为而被处罚，从而更专注于高效工作。制度规范了员工的日常行为，也节约了企业的管理成本。制度对于企业管理与发展具有非常重要的作用。所以，为了保证企业的发展，就要为企业制订良好的制度。而要想让制度真正发挥出应有的作用，首先就要用科学的方法制订制度，然后在实际的工作中有效执行制度。只有做到这两点，才能让制度真正为企业的发展与管理发挥出应有的作用。

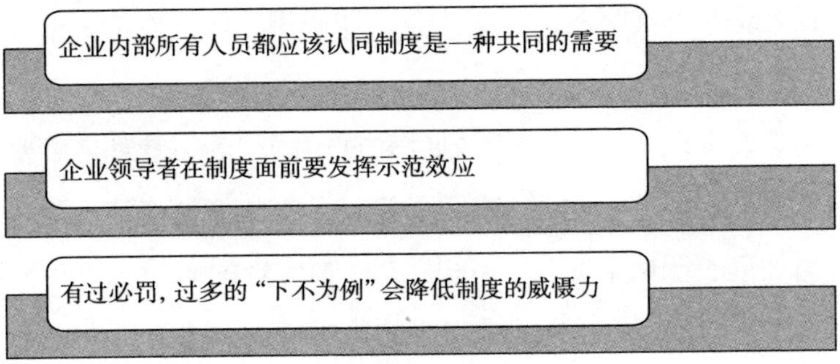

图6－1　发挥制度的威力需要具备的条件

管理者在制订管理制度时，要明确好的管理制度的衡量标准，并严格按照好的管理制度的衡量标准进行制订。通常，好的管理制度包括以下几个特点，见图6－2。

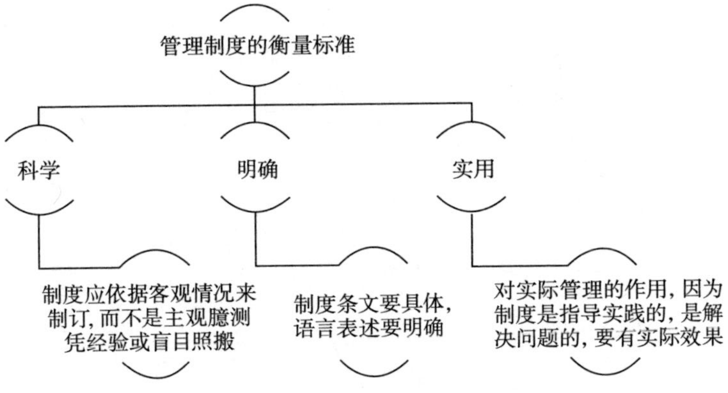

图6－2　好的管理制度的衡量标准

只有制订了符合标准的合理的管理制度，才能真正为企业管理提供保障。如果管理制度设置得不合理，不仅无法对企业的管理提供制度保障，还有可能给企业管理造成混乱。

有了好的制度之后，最应该重视的是执行。没有执行或是在执行中虎头蛇尾，那么制度就会流于形式，制度就成了摆设，无法发挥企业管理的作用。所以，管理者只有把制度不折不扣地落实到位，做好制度的执行，让制度真正为企业发展服务，制度才会发挥作用，体现价值，这样的制度才是真正的老板。

在企业管理中，对于好的执行制度和规范的行为，管理者要坚决做到“及时表扬，适当奖励”；对于有制度不遵守、有规章不遵守的行为，则要做到“及时处理、严惩不贷”，不能因违反制度者的职位、权势而在执行制度方面打折扣。这样，才能形成良好的执行风气，才能维护制度威严。

6.2 管理制度的透明度决定了激励的程度

管理制度对于一个企业的发展具有至关重要的作用。在实行企业管理制度的过程中，要想通过榜样性激励实现对员工的激励管理，就要将管理制度透明化。只有这样，员工才能对此形成一个清晰、整体的认知；领导才能做到被下属信服，从而起到对员工的激励作用。如果企业的管理制度不透明，员工对于制度的执行过程没有清晰的了解，就会对上司的制度管理心存疑虑，久而久之，就会影响员工的工作积极性。所以，企业管理制度的透明程度决定了其对员工的激励程度。

金鱼缸法则——管理制度必须透明

金鱼缸法则是由日本最佳电器株式会社的社长北田光男先生始创的。金鱼缸是玻璃做的，透明度很高，不论从哪个角度观察，对于鱼缸里面的情况都可以看得一清二楚。金鱼缸法则也可以说是透明法则。金鱼缸法则是一种比喻，比喻一种透明度极高的民主管理模式。在金鱼缸法则中，北田光男先生强调，要把增强透明度的重点放在各级经营管理者的经济收入上，要求企业各级领导者的经济收入和费用报销要如实地向企业利益相关者公开，接受企业利益相关者的批评建议，并根据员工们的意见，对经营管理进行改进。金鱼缸效应运用到企业管理中，就是要求管理者必须增加规章制度和各项工作的透明度。管理者设置管理制度时，要根据金鱼缸法则，将企业管理制度透明化，增强对于员工的激励效果。

在某家互联网公司中，由于管理制度不透明，最终产生了一系列的不良影响。以人员的晋升制度为例，员工在什么条件下可以实现职位晋升，这家互联网公司的制度是不透明的。普通员工不知道自己做出什么样的工作成绩能够得到晋升和发展。例如，有一次，公司中营销部门的小张和小王的工作成绩不相上下，而小王却升任为营销部经理。小张对公司的这一决定表示不接受，并且向上级领导询问小王能够晋升的理由。而上级领导却只说："这是公司领导的安排，公司想要提拔谁，不用向你一个普通职员汇报吧。"

正是由于管理制度的不透明，引起了员工的猜疑，员工认为公司的管理不透明、不公平，工作积极性也逐渐降低。在这样的情况下，不仅没有起到激励员工的目的，还使得公司整体的效益逐渐下降。

通过透明管理制度减少员工的抱怨

在工作中，很多员工都会由于各种各样的原因产生抱怨。或是抱怨工作压力大，或是抱怨工作设备陈旧，或者抱怨公司的管理制度太苛刻，等等。其实，这些抱怨会在很大程度上影响员工的工作积极性。如果员工对公司有意见，就无法将自己的全部身心放在工作上，为公司贡献自己的力量。所以，为了有效减少员工的抱怨，实现对员工的有效激励，就要将公司的管理制度透明化。一方面能够让员工明确公司的管理制度；另一方面，也能够在与员工就管理制度讨论的过程中，了解员工的心理状态，减少员工的负面情绪。

麦当劳是著名的快餐连锁品牌，麦当劳在全球 120 多个国家拥有超过 30000 家餐厅。由于员工人数众多，如果不能做好员工管理的话，对于销售业绩将会产生巨大的影响。所以，麦当劳为了激励员工，减少员工的抱怨，每年会举行一次不记名的员工满意度调查。在进行员工满意度调查时，麦当劳会让不同级别的员工都表达自己的看法和意见；同时，还会在各个分店设立“同仁意见箱”，员工可以提出申诉，也可以提出新点子。并且，为了将管理制度透明化，麦当劳还要求员工与部门主管一同参与绩效评比。由员工给自己打分数，然后借助这个机会，请个别员工与其主管讨论，一切意见与建议开诚布公。

麦当劳通过这样的方式，让自己的管理制度完全透明化，不但能够让员工及时表达自己的意见，还能够通过管理制度透明化让员工了解公司的运营状况，并提出自己的意见。这样，不但能够减少员工的抱怨，还能够起到激励员工的效果。

巧妙将管理制度透明化

管理者在对员工的激励管理中，要想增强员工对于企业的认知度，提升员工的工作积极性，以及对于企业的忠诚度，就要有一定的制度保障。为了给员工建立一套更加开放、更加透明的管理制度，除了需要建立一个顺畅的内部沟通的渠道之外，还需要形成规范的、有章可循的“以制度管人，而非人管人”的管理制度，提升管理制度的透明度，增加内部管理的公平性。具体来说，管理者需要做到以下几点，见图6－3。

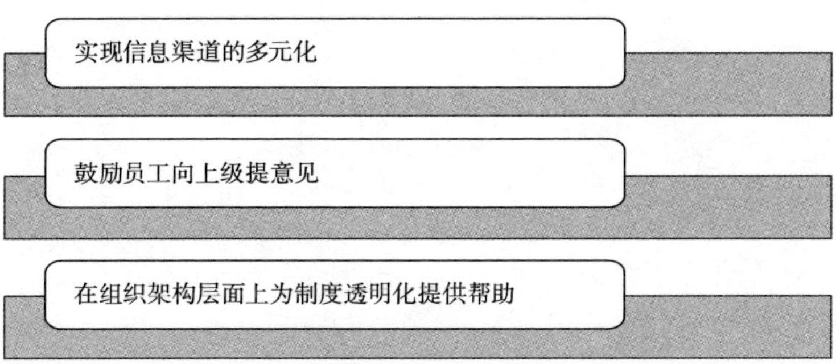

图6－3　如何实现公司管理制度透明化

公司管理制度透明化，对于增强员工的工作积极性具有非常重要的作用。管理者通过上述方式，可以建立一个透明化的、系统的、完善的管理制度，由此增强员工对于企业的信心，达到激励员工的目的。

6.3 管理者敢担责，员工才敢拼命

在任何情况下，权利与责任都应该是一致的。在管理者的身上同样是这个道理。最能体现一个管理者的管理水平的，不仅仅是管理者所拥有的权利，还体现在管理者在管理过程中能够承担起的责任。由于承担责任就意味着承担一定的风险，所以，有些管理者在工作中虽然身为工作团队的领导者，平时在行使职权或者见到利益时，往往会冲在前面，一旦出现问题时，这些管理者往往为了规避风险，就会将这些工作推给其他的员工。实际上，这样的管理者不论是对他人、对工作团队来说，都是不负责任的，同样也起不到带动他人的目的。一个管理者遇事不能承担责任，员工在工作中也就不敢拼命，自然就起不到激励员工的作用。

敢于担责是榜样激励的重要方式

著名企业家松下幸之助认为，作为一个经营者，一定要有担负绝对责任的心理准备。不管员工有 100 人还是 200 人，就算聘用了 1000 人或 2000 人，责任还是由他一个人负。自己既然站在最高的位置上，一切就是自己的责任了，这个道理是古今不变的。一个勇于承担责任的管理者，能够在下属的心中树立自己的威信，能够更好地实现榜样性激励。管理者在工作中勇于承担责任，就会给下属信心，让下属能够在工作中变得更加积极主动，敢于作为。

艾米是某家大型连锁酒店的客房经理，在工作中，艾米不仅工作能力强，并且在遇到问题时，总是能够在第一时间站出来承担责任。有一次，客房部的一名清洁工与客人发生了摩擦，原因是这位客人认为清洁工没有将房间清洁干净，认为其工作态度不认真。而这名清洁工则说自己已经按照规定将房间打扫干净了，是客人在无中生有，故意找自己的麻烦。最终，这名客人将客房部投诉到了酒店的总部。在总部派人来调查时，清洁工为自己无端遭受客人的指责而感到委屈，而酒店总部的调查人员则认为清洁工与客人发生摩擦就是清洁工的失职，并决定将清洁工辞退。在这样的情况下，艾米站了出来，主动承担起了责任。艾米对总部的调查人员说："我是客房经理，这名清洁工与客人发生摩擦，给我们酒店造成了负面的影响，这个责任应该由我来承担。是我没有处理好我们的员工与客人之间的问题，如果要处罚的话，请处罚我吧。"

酒店总部的调查人员见状，一时无法做出决定，于是将情况汇报给了总部。总部听完艾米的事情，非但没有处罚艾米，还认为艾米是一个敢于承担责任的管理者，决定重用艾米。而艾米的下属也因为艾米敢于替下属承担责任，对艾米更加敬佩，工作积极性也明显提升。

通过艾米的事例，我们可以看出管理者敢于承担责任的重要性。总体来说，管理者敢于承担责任，对于激励员工具有重要的作用，其作用具体表现在以下几个方面，见图6-4。

不能承担责任就无法成就大事

一个优秀的管理者一定是在工作中敢于承担责任的。如果在工作中，出现了问题就退缩，推卸责任，那么即使这名管理者的工作能力再强，也无法在职业生涯中获得长远的发展。因为一个不能承担责任的管理者，既不能做工作团队的领头羊，也无法在下属之间树立威信，更无法通过以身作则对下属实现榜样激励。

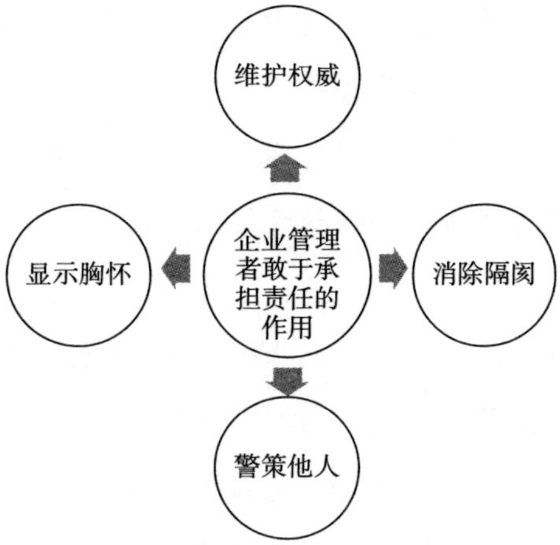

图 6-4　管理者敢于承担责任的作用

张良是一名职业经理人，工作能力非常突出，并且被一位私营涂料企业的老板林总赏识，被林总以重金聘请为销售部经理。但是，在张良刚刚上任不久，其下属销售代表小李就被客户投诉贪污返利。经过审计部的审查，证实这件事情属实，并且，在返利单据上，还有张良的签名。出现这一问题后，林总亲自到销售部质问此事。

“你是怎么做销售经理的？下属贪污客户的返利你竟然不知道，还要等到客户投诉到我这里才知道！”林总质问张良。面对林总的质问，张良不但没有选择承担责任，甚至狡辩，百般推脱责任。“返利单都是助理检查好拿给我签字，我平时的工作比较多，所以在签字的时候没有太注意。林总，你也知道我刚来，销售部很多关系还没有理顺，我现在的助理很能干，在工作上是一把好手。但她和我的关系，我感觉总是像存在点问题似的，没有理得很顺，甚至有时，我要顺着她的意思来签署一些文件。毕竟我是新来的，要有适应的阶段，我保证今后这样的事情一定不会再发生了，你再给我一次机会吧。”张良为自己辩解道。而林总听了张良的辩解，非但没有认同张良的说法，甚至还认为张良这样的举动是不承担责任的表现。于是，对张良说道：“本来我过来，是来了解一下事情的原因，并不是要处理你的。但是，工作中出现了问题，你却一再推卸责任。现在，我真的要好好考虑一下你是否适合做销售经理了。”

张良是一名销售经理，但是，当下属出现问题时却不能承担责任，只是想方设法将责任推脱到其他人的身上。正是这种不能承担责任的做法，让老板对他的工作能力产生了质疑。管理者不能承担责任，也就无法成就大事，也无法让下属信服。作为一名管理者，要想在工作中做到勇于承担责任，就要做到以下几点，见图6－5。

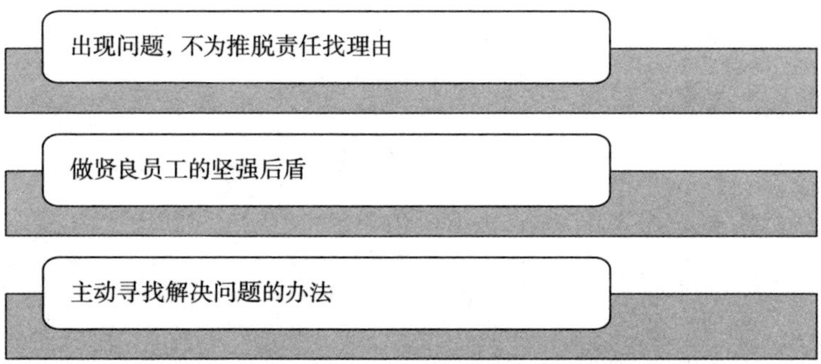

图6－5　管理者如何在工作中勇于承担责任

6.4 公平公正的制度才能让激励更有效

一个企业建立了管理制度，一定期望能够通过榜样性激励实现对于员工的激励管理，以保障企业管理制度的有效实施，既然这样，就要做到在管理制度面前人人平等。企业管理制度要想能够对企业的发展起到帮助作用，首先，要保证管理制度是完善的；其次，要保证管理制度在员工心目中的权威性。只有管理制度在员工心目中具有权威性，员工才能在工作中自觉遵守管理制度，管理制度才能够起到应有的效果。制度面前，人人平等。这是保证管理制度权威性的重要方式。如果做不到，就会使员工感觉到管理制度不公平，从而降低管理制度在员工心目中的权威性，不利于管理制度的实施。

人人平等，要跳出“人情的怪圈”

在实际的职场中，有很多企业即使制订了一套完善的管理制度，也无法保证在制度面前人人平等，以至于管理制度成为了摆设，无法为企业的发展提供实质性的帮助。究其原因，归根结底是因为在工作中避免不了“人情的怪圈”。例如，有的员工在违反了规章制度后，以自己是公司的老员工，第一次犯错为理由，请求免除处罚；还有的员工以自己和公司领导的关系比较好做自己的保护伞。这样的人情，造成了公司在制度实施方面的不公平，也影响了管理制度的有效实施。所以，企业要想做到管理制度面前人人平等，就要跳出“人情的怪圈”。

海尔是我国著名的家电品牌。海尔之所以能够取得这样的成绩，与其有效的制度实施是分不开的。海尔董事长张瑞敏在刚刚接手海尔的时候，海尔只是一个快要倒闭的小电器厂，员工工作没有积极性，企业亏损严重，可是张瑞敏用了20年的时间，让一个濒临倒闭的小厂一跃成为世界名牌企业，并一度跻身于世界500强之列。张瑞敏在企业内部制订了一系列的管理制度，并且，每一个员工都必须遵守。一旦发生违反规章制度的现象，不论员工的职位高低，个人背景如何，都要按照相关规定处罚，避免存在“人情的怪圈”。在这样的情况下，海尔的每个员工，不论职位高低，都能够按照既定的规章制度工作，保证有序的工作状态以及较高的工作效率。由此才使海尔不断进步，成为今天这样具有庞大规模的著名家电品牌。

管理者在管理制度实施的过程中，想要跳出“人情的怪圈”，需要做到以下几个方面，见图6－6。

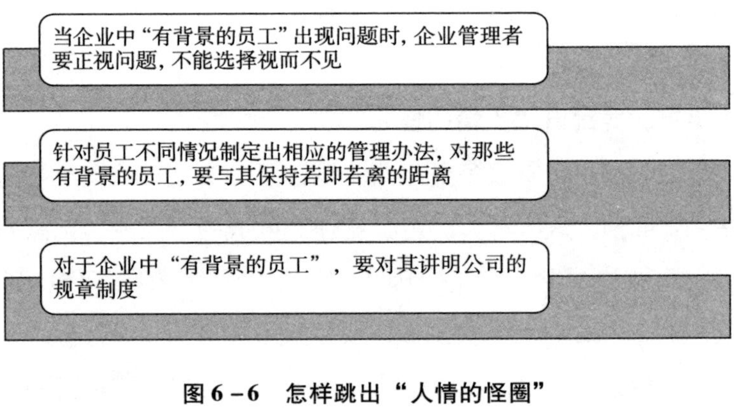

图6－6 怎样跳出“人情的怪圈”

提高制度执行意识

要想通过公平公正的管理制度来激励员工，就要保证管理制度的有效执行。英国著名的哲学家培根曾经说过：“有制度不执行，比没有制度的危害还要大。”只有将管理制度真正实施到实际的工作中，管理制度才能真正起到激励员工的作用。

企业管理制度能否得到有效执行，与企业人员的执行意识是分不开的。只有在企业中树立强烈的制度执行意识，才能保证管理制度的有效执行，从而保证通过公平公正的管理制度达到激励员工的目的。想要提高企业的制度执行意识，就要做好以下几个方面，见图 6－7。

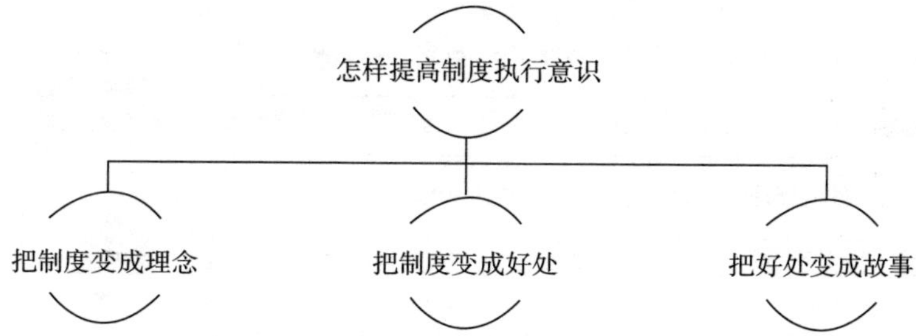

图 6－7　怎样提高制度执行意识

保证制度的公平公正

要想通过管理制度达到激励员工的目的，就要在管理制度中体现公平。只有公平公正的管理制度才能让员工信服，才能在最大程度上达到激励员工的目的。

管理者在处理每一项工作时，都要根据管理制度办事，在这一过程中，就相当于在向下属展示管理制度中所表现出的评判标准和理念，管理制度是否公平，对员工有着切身的影响。所以，公平公正的管理制度会引发正确的、被公众认可的问题处理方式，而这一处理方式会激励员工正面的、向上的动力；如果管理制度不公平，那么其所引发的偏激的，甚至是倾斜的行为就会给下属错误的行为进行倡导性暗示。在这样的情况下，不仅下属会对正确的行为产生质疑，甚至还会引起其思想行为的变化。随之而来的就是对上司的不信任，对正确行为的否认，对企业管理制度失去信心。长此以往，非常不利于员工的正面激励，所以，激励员工，首先要建立公平公正的管理制度。

管理者在建立公平公正的管理制度时，需要按照以下几个方法进行，见图6－8。

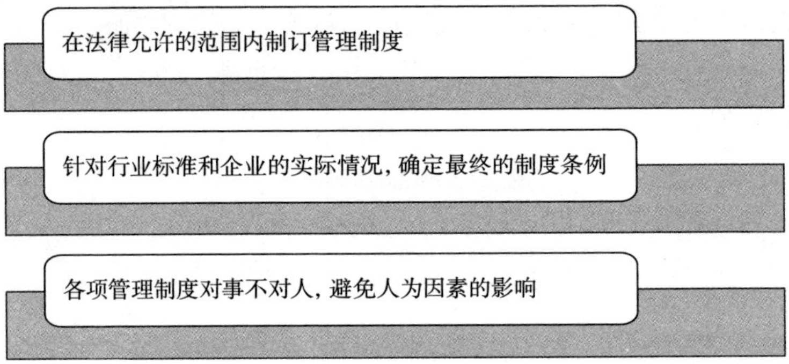

图6－8　怎样建立公平公正的管理制度

管理制度是否公平，对员工的激励程度具有非常明显的影响。要想对员工的激励达到很好的效果，管理者在制订管理制度时，时刻谨记保证管理制度公平的重要性。制度是把直尺，量谁都一样，没有制度要完善建立制度并执行，发展的过程中对于过时的制度要及时修订。时刻保持管理制度的公平性与合理性，是激励员工的重要保证。

6.5　一个精明强干的上司是员工进取的标杆

在任何一个企业里，管理者都是下属的榜样，都是员工们的模仿对象，作为一名领导，做好榜样激励员工像自己一样热情工作是很重要的。在日常工作中，管理者以什么样的工作态度面对工作，以及管理者在工作中表现出来的状态，都会对员工的工作行为产生直接的影响。通过了解管理者如何对待工作，就可以了解整个组织成员的工作态度。要想让员工充满激情地去工作，管理者就先要做出一个样子来。如果上司是一个精明强干的人，那么下属也会受上司的影响，在工作中变得更加努力进取；如果上司是一个软弱无能的人，那么下属也会受上司的影响，在工作中得过且过。所以，一个精明强干的上司是员工进取的标杆。

成为员工做人的榜样

管理者要想通过榜样激励的方式实现对于员工的激励管理，在员工的心目中树立一个精明强干的上司形象，首先要学会做人。只有学会做人之后，才能将工作更好地完成，最终成为一个精明强干的上司。

做人，就是要保证自己有高尚的品德。而一个人的品德高尚，表现在多个方面。例如，做人诚实、正直，对人公正、和善、宽容；对他人的生活和工作表现出真诚的关心；在人际关系中，奉行“己所不欲，勿施于人”的原则，不以自我为中心，能设身处地为别人着想。如果管理者能够在工作中做到以上的要求，下属也会受到上司的影响与激励，在工作中逐渐完善自己。

日本著名的企业家吉田忠雄在总结自己的成功经验时，强调了管理者高尚的道德品质对于激励员工、做好企业的重要性。吉田忠雄说："为人处事首先要讲求诚实，以诚待人才会赢得别人的信任，离开这一点，一切都成了无根之花，无本之木。"有一次，吉田忠雄做剃须刀推销时，在半个月之内和二十几位顾客做成了生意。但是，吉田忠雄却在之后意外发现他所推销的剃须刀比别的店里的同类产品价格都高。面对这样的情况，吉田忠雄并没有选择视而不见，而是向这二十几位顾客一一说明了情况，并且主动退款。顾客被吉田忠雄这样的做法所感动，不仅没有接受吉田忠雄的退款，并且决定向吉田忠雄订购更多的货品。并且，吉田忠雄的下属看到吉田忠雄的高尚品德，对吉田忠雄产生了深深的敬佩，在工作中变得更加积极。正是由于吉田忠雄的高尚品德，使其能够在工作中越走越远，最终成为了著名的企业家。

从吉田忠雄的成功经验中，我们可以看出一个管理者拥有高尚品德的重要性。拥有高尚品德的管理者，不但能够在工作中赢得顾客的信任，更能感染身边的下属，通过为下属树立一个优秀的榜样，让下属信任你，通过你的榜样激励，让下属能够用更加积极的态度面对工作。所以，管理者要想成为一个具有高尚品德的管理者，需要具备以下素质，见图6-9。

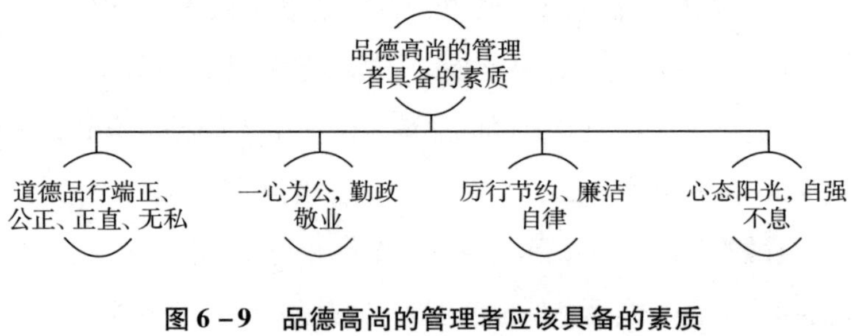

图6-9 品德高尚的管理者应该具备的素质

成为员工学习的榜样

学习，对于员工的激励与进步具有重要的作用。管理者要想通过榜样激励的方式激励员工，促进员工在工作中进步，就要让员工学会主动学习。只有通过主动学习，员工才能真正获得进步。如果只是在工作态度上变得积极，却不将实际行动表现在学习上，那么员工同样无法取得实质性的进步。所以，管理者要想在员工之间树立一个精明强干的标杆，就要成为员工学习的榜样。

吴林是一家互联网公司的经理，在工作中，吴林具有积极学习进取的工作态度，总是通过各种途径学习新的知识和技能。吴林为了提升自己的专业能力，在一个专业培训班报了名。每天下班之后，就利用业余时间去培训班上课。有一次，吴林的下属商量着下班之后去聚餐，并邀请吴林一起参加。但是，吴林却告诉下属自己还要去上课，实在没有时间聚餐。吴林的下属看到吴林这么努力学习，被吴林的精神深深打动了，反观自己，却仍然在浪费大量宝贵的时间。所以，从那之后，吴林的下属也变得主动学习。在吴林的影响下，公司中形成了一股主动学习的风气，员工的工作能力有了明显的提升。

从吴林的案例可以看出，管理者要在工作中做到主动学习（见图 6－10），应以这样的方式成为下属的榜样，以此激励员工。

成为执行的榜样

个人与集体、“小家”与“大家”之间，难免存在着利益冲突或矛盾。在管理实践中，我们遇到的最大难题之一是执行力不足。要解决这个问题，需要我们在全公司树立与培养执行力文化。在这其中，管理者自身的模范执行、严格执行，对执行力文化的塑造具有至关重要的作用。管理者要想做员工的榜样，就要做好执行工作。通常，需要做到以下几点，见图6－11。

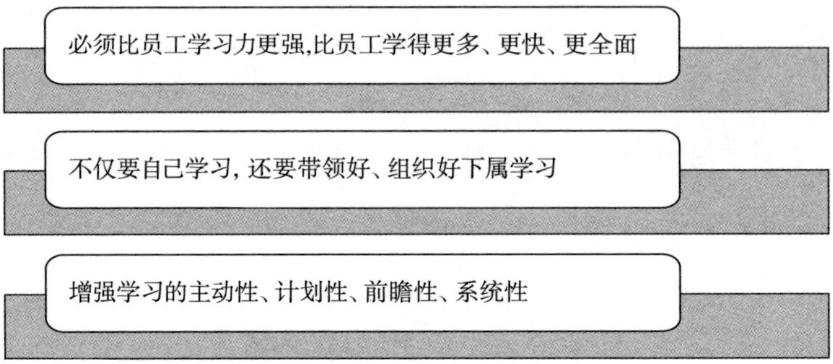

图6－10　管理者如何做学习的榜样

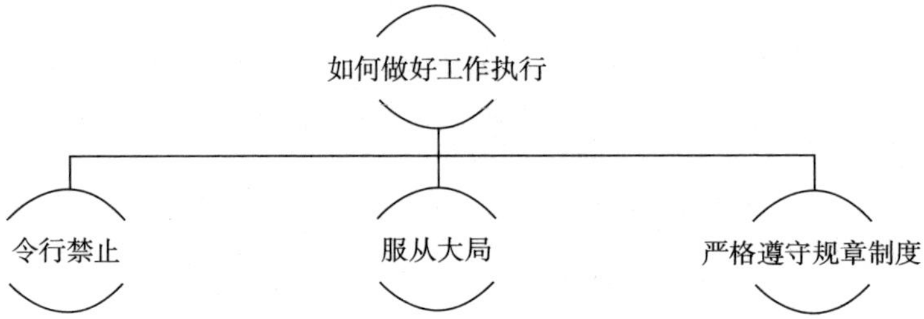

图6－11　如何做好工作执行

第 7 章

评价功过：奖惩型激励助力员工纠错

员工完成工作，管理者通常需要对其成果进行评价。如果员工表现良好，取得了一定的成绩，管理者需要奖励员工；如果员工在工作中出现失误，管理者也需要对员工进行一定的惩罚。通过奖惩型激励，可以让员工对自身工作有更加清晰的认识，奖他想要的，罚他害怕的，帮助员工实时纠偏。

7.1 把“铁饭碗”变成“泥饭碗”

无数的实践证明，一定的危机感能够激发人的竞争心理和积极性，长期的安定反而会滋生人的惰性。这一现象同样适用于员工管理。如果员工在工作中长期处于一个无竞争的状态，那么久而久之，员工就会失去工作积极性；如果在员工的工作中增加一些危机感，将员工的“铁饭碗”变成“泥饭碗”，针对员工不同的工作情况进行一定的奖惩，则可以有效激发员工的斗志，有效提升其工作积极性。

没有奖惩就没有压力

工作中每个人都会有压力，有压力才会有动力。给员工增加压力的一个有效方式就是对其进行奖惩。如果没有奖惩制度，对于工作，员工干与不干都是一个待遇，干好干坏也都是一个待遇，那么就无法给员工增加压力，久而久之，员工就会变得越来越倦怠。长此以往，非常不利于员工工作积极性的提升。要想激励员工，就要根据员工工作质量的高低，将员工的待遇分出等级。这样，员工为了争取更好的工作待遇，必然会激发自身的潜力，在工作中全力以赴。通过这样的方式，能够有效激励员工，提升整体的工作效率。

吴静和李玲是大学同学，两个人学习成绩相差无几，学习能力也相当。在毕业之后，两个人分别进入了同行业的两家不同公司。初期，两个人在各自的公司内所任职位相同，两个人也都在工作中充满了斗志。可是，吴静所在的公司一直都对员工实行奖惩激励的管理方式，上司会定期对下属的工作进行检查，并根据实际情况进行奖惩；而李玲所在的公司却并没有实行奖惩制度，上司不会检查下属的工作，员工不论将工作做成什么样，最终所获得的待遇都是相同的。久而久之，吴静因为公司有严格的奖惩制度，为了在工作中有良好的表现，能够获得上司的奖励，吴静的工作热情愈发高涨；而李玲虽然最开始时也有很高的工作热情，但是由于自己的工作没有人检查，做好做坏都是一个样，所以，李玲慢慢地产生了惰性，工作效率也明显降低。

通过吴静与李玲在工作中工作态度的变化，就可以看出一定的压力对员工激励的重要性。通过对员工实行奖惩激励，可以在最大限度内调动员工的工作积极性，达到激励员工的目的。

用奖励肯定员工，激发其积极性

古语道："重赏之下必有勇夫。"这句古语印证了奖励对于激发一个人的热情的重要性。而奖励之所以能够激发人的热情与积极性，则是因为奖励不仅仅只是一种物质利益的给予，对于员工而言，得到上司的奖励不仅仅能够获得物质上的满足，还意味着自身的价值以及努力得到了上司的认可，因此能极大地增强其自信心，从而有效激发其工作积极性。

根据美国著名心理学家马斯洛的马斯洛需求理论可以看出，驱使个人成长和创造的动机是由数个需求层次组成的，最高层次的需求是自我实现。在此之下，动机由其他四种需要组成，即生理需求、安全需求、社交需求、尊重需求（见图7-1）。

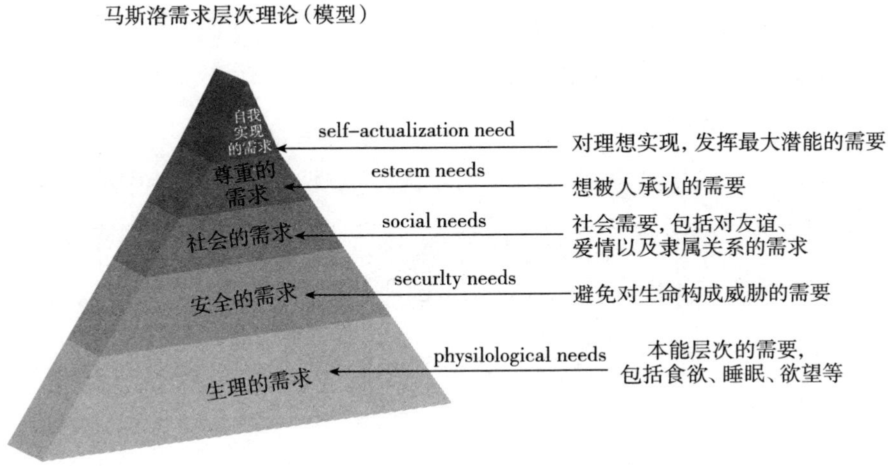

图 7－1　马斯洛需求图

根据马斯洛需求理论可以看出，人的一生都在围绕着这些需求展开努力和行动，而努力和行动的目的就是获得别人的认可。由于奖励恰恰能够满足员工的这些需求，因此，员工在受到奖励和表扬之后，会在之后的工作中更加积极努力，以实现个人价值的最大化。

所以，在对员工的激励管理中，实行奖惩激励，在员工取得成绩时，及时给予员工适当的奖励，能够让其感受到自身价值被认可，从而更大限度地激发其工作积极性。

用惩罚促进员工反省

俗话说："知耻而后勇。"一个人想要取得进步，除了依赖于自身的学习之外，还在很大程度上依赖于员工在反省自身之后所做出的改进，这也是激励员工、帮助员工进步的一个重要方式。所以，在对员工实行奖惩激励的过程中，当员工出现失误时，给予员工适当的惩罚，不仅不会伤害其自尊心，还会促进其自省。相对于鼓励而言，惩罚的作用就在于否定员工在日常工作中的某些观念、行为，以激发其自身的反省能力，对之前的观念和行为进行改正，以获得经验教训，提升自身素质。

适当的惩罚能够激发员工的反省心理，使其正视自身问题并成功处理这些问题，并在此过程中具备相应的能力。适当的惩罚在一定程度上提升了员工的荣誉心和责任感，使其在工作中更加认真负责。

总体来说，奖惩激励能够打破“铁饭碗”，让员工在奖惩中感觉到危机与压力，当“铁饭碗”变成“泥饭碗”，员工就会主动调整自身的工作状态，提升自身的工作积极性。所以，管理者应该在管理过程中适当使用奖惩激励。

7.2 奖他想要的，罚他害怕的

管理者在实施奖惩型激励管理时，应该明确奖惩型激励管理中最核心的内容就是对员工的“奖”和“惩”。只有“奖”和“惩”到位了，员工激励才能实现。为了使奖惩能够到位，就要在实施时，奖励员工想要的，让其真正从奖励中感到欣喜；惩罚员工所害怕的，这样的惩罚才能真正起到威慑作用。

奖励员工真正想要的，促进员工积极性

在奖励员工的过程中，管理者首先要明确对员工实施奖励的目的。总体来说，当员工在工作中表现优秀时，通过及时地奖励，既能够使员工在心理以及物质上得到满足，同时又能达到激励员工勤恳工作、奋发向上，争取更好工作业绩的目的。

在奖励员工时，通常可以从精神奖励和物质奖励两个方面着手，从员工的兴趣点出发，奖励员工真正想要的东西，才能在最大程度上起到激励员工的作用。

约翰是一家销售公司的销售经理，在员工管理中，为了更好地激励员工，提升员工的工作积极性，约翰决定对员工实施奖惩型激励。对于工作成绩突出的员工，公司会给予一定的奖励。但是，具体奖励员工什么东西，却让约翰犯了难。约翰最开始是奖励员工一些诸如水果、笔记本这样的纪念品。但是，通过几次的实践，约翰发现这样的奖品对员工的激励作用并不明显。由于所奖励的这些东西并不是员工真正想要的，所以面对这些奖品，员工并没有动力，而员工对奖品没有兴趣，也直接降低了奖惩激励的效果。

针对这样的情况，约翰将对员工的奖励方式做了调整。约翰发现，员工都有被上司认可的欲望，并且，如果员工能够被上司当众表扬，员工的自尊心会得到极大的满足，工作积极性会有明显的提升；而在物质方面，如果能够奖励一些员工迫切需要的东西，会更具吸引力。所以，约翰改变了对员工的奖励方式。在奖励员工时，约翰将奖励分为了物质奖励和精神奖励两种。在精神奖励方面，主要是在表扬员工时要在全体员工面前；而物质奖励方面，约翰则会根据员工的情况，奖励其最需要的东西。在改变了奖励方式与奖励的物品之后，员工的工作动力有了明显增强。

从以上案例可以看出，在奖励员工时，奖励员工什么，对激励的作用会产生非常明显的影响。通常，管理者在奖励员工时，需要遵循以下原则，见图7－2。

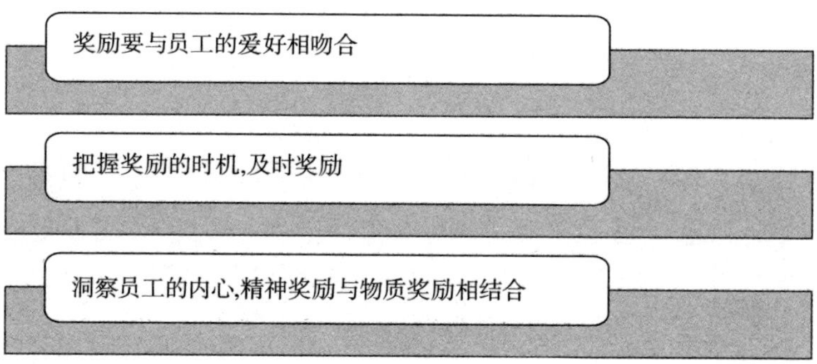

图7－2　奖励员工的原则

惩罚员工真正害怕的，有威慑才能有改进

奖惩型激励中，除了对于工作成绩突出的员工要给予一定的奖励，以提升员工的工作积极性之外，对于在工作中出现错误的员工，为了给员工

一定的威慑，督促员工改正错误，就要适时地给予员工一定的惩罚。而在惩罚的过程中，所惩罚的一定要是员工真正害怕的。只有通过惩罚，让员工真正感到害怕，员工才能记住犯错误之后的教训，从而在之后的工作中避免再犯同样的错误。

艾米是一名中层管理者，为了更好地管理员工，艾米实行了奖惩激励，艾米希望能够通过对犯错误的员工进行一定的惩罚，让员工记住自己所犯的错误。但是，在实际的实施过程中，却因为惩罚的手段不当导致对员工的惩罚并没有实现预期的效果。原来，艾米虽然规定对于工作中出现错误的员工要有一定的惩罚，但是这个惩罚的程度却很轻，例如，在私底下口头批评员工两句。对于这样的批评，员工并不在意。这样的惩罚没有对员工造成实质性的影响，因此说它对员工的惩戒作用只是隔靴搔痒。

艾米通过总结，认为对员工的惩罚之所以没有起到明显的作用，主要是因为对员工的惩罚力度不够大。所以，艾米决定以后在对员工的惩罚中，要有针对性地惩罚员工真正害怕的东西。通过调查归纳，艾米发现员工最害怕的惩罚就是扣工资、在同事面前被上司批评、甚至开除等。所以，艾米在之后对员工的惩罚中，对于情节较轻的员工，艾米会当着全体同事的面批评员工；对于错误严重的员工，则会扣除工资，甚至开除。这样的惩罚制度一出，员工的紧迫感有了明显的提升。被惩罚的员工，都会在之后的工作中避免再次发生错误。艾米通过这样的惩罚方式，使惩罚起到了实质性作用。通过惩罚，最大限度地让员工记住了自己的错误，并在之后的工作中努力改正。

从以上案例中我们可以看出，要想通过惩罚达到激励员工的目的，首先要保证惩罚是有效的。而要让惩罚有效，最根本的方法就是要惩罚员工所害怕的。只有这样，员工才会真正对惩罚有所忌惮，在工作中变得更加细心、努力，从而达到激励员工的目的。管理者在惩罚员工时，要依据以下几项原则，见图 7 –3。

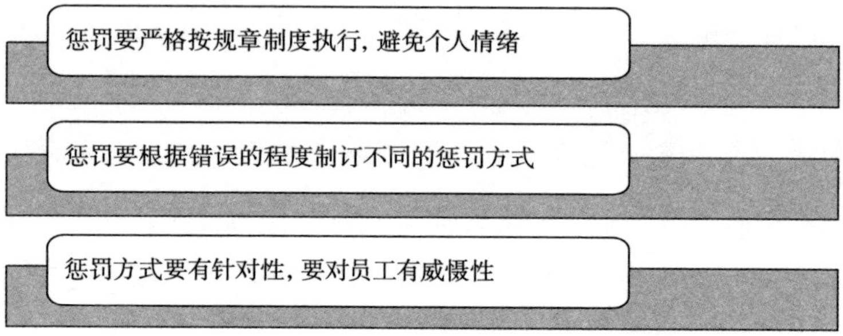

图 7 –3　惩罚员工时应该遵循的原则

7.3 惩罚中加入一点儿“怀柔政策”

惩罚是奖惩激励中一个重要的内容，适当的惩罚能够引发员工的羞耻心，进而提升其荣誉心和责任感。但是，任何事情只有适度才能够将作用最大化，惩罚员工也是同样的道理。如果不注意惩罚的程度，对员工进行过多的惩罚，不但无法激发员工的责任心和荣誉感，还会打击员工的进取心，得到适得其反的效果。所以，管理者在惩罚员工时，要准确把握惩罚的度，避免由于过度惩罚而出现反作用。因此，管理者可以在惩罚中加入一点儿“怀柔政策”，妥善使用惩罚，让惩罚恰到好处。

沟通应该在惩罚之前

很多管理者做不好惩罚这项工作，往往在惩罚员工之后，发现自己的做法不仅无法起到激励员工的效果，反而会引起员工的反感。实际上，之所以会出现这样的情况，是因为管理者在做出惩罚员工这一决定之前，并没有与员工进行充分的沟通，对于员工犯错误的原因并没有一个完整深入的了解，导致出现了很多“冤假错案”，或者是采用了不恰当的惩罚方式。适当的惩罚并不会影响员工的工作积极性，甚至会激发员工的工作积极性。为了避免出现上述的问题，就要求管理者在惩罚员工之前，首先要与员工进行全面的沟通。通过沟通，了解员工出现错误的原因，从而对其实施适当的惩罚措施。这样，员工即使受到了惩罚，也会心服口服。

位于苏州的某家著名企业，对于惩罚员工这件事情非常注意，从来不会轻易惩罚一名员工，而是在发现问题之后，会首先与员工进行沟通，确定事情的原因，最终做出公平的裁决。这样先沟通再惩罚的做法，也使得这家企业成功避免了很多由于惩罚而带来的不良影响。有一次，在这家公司中，很多员工都突然出现了工作没有积极性，情绪低落的情况。一名新上任的管理者认为要对这些员工进行相应的处罚，但是，另一名在这家公司工作时间很久的管理者却坚持要先与这些员工沟通，等了解了真正的原因之后再做打算。所以，这家公司聘请了专业的心理专家，通过心理专家精心设计的访谈，最终了解到这些员工情绪低落的原因是，公司最近不知道因为什么原因辞退了一名工作能力非常出色的员工，看到这样的情况，员工们变得人人自危，认为比自己有能力的同事都被辞退了，自己很有可能也会被辞退。

实际上，辞退那名员工是因为其有严重的经济问题。在了解到员工工作没有积极性的真正原因之后，这家企业的管理者庆幸没有贸然惩罚员工。最终，管理者对员工们解释整个事件的过程，员工们了解了事情的真正原因，自然恢复了往日积极的工作状态。如果没有沟通，就直接处罚这些工作情绪低落的员工，不仅无法对提升员工的工作积极性起到帮助作用，反而会加深员工的危机感，造成更大的负面影响。

所以，在惩罚中加入一点儿“怀柔政策”，将沟通放在惩罚之前，在员工出现错误时，首先与员工进行沟通，了解事情的始末，再决定是否惩罚员工，以及惩罚员工的具体方式。

将惩罚与对被罚者的尊重相结合

惩罚员工，在某些层面上会伤及员工的自尊心，而员工的自尊心一旦受到伤害，激励员工就无从谈起。所以，为使惩罚能够发挥出其正面作用，在惩罚中加入一点儿“怀柔政策”时，就要保证即使是惩罚，也要围绕尊重员工来实行。只有将惩罚与对被罚者的尊重相结合，才能在不伤害员工自尊心的情况下，让员工了解到自己所犯的错误，并督促其在之后的工作中改正错误。

日本著名的大型电器制造企业松下电器的管理者松下先生，对于惩罚员工有一套独特的方式。对于企业中出现错误的员工，松下先生会给其一份“谴责状”，而这份“谴责状”，就是松下先生在惩罚员工时所加入的“怀柔政策”。例如，有一次，松下电器中一位很有地位的人犯了错误，松下先生就请这位犯了错误的人到自己的办公室，将一份“谴责状”递给了他，并对他说：“对于你犯的错误，我想发给你谴责状，如果你觉得不满，那就不必读了，我也不必浪费这份谴责状。但如果你认为因此事被斥责是应该的，那么不断反省自己的过错，将会使你成为一个有作为的人，今天的斥责也就有了价值，你觉得如何?”

松下先生面对这位犯了错误的员工，给予了最大的尊重，将选择权交给了犯错误的员工。面对松下先生这样的做法，这名员工非但没有感觉自己的自尊心因为惩罚而受到伤害，反而因为松下先生对自己的尊重而感到更加自责。这名犯了错误的员工说：“我了解您的苦心。”

惩罚之后要给予反馈

惩罚员工的目的，不仅是要告诉员工不能做什么，还要教会员工应该做什么。因此，管理人员必须给员工指明替代性行为，当员工做出了所希望的替代行为时，最重要的是管理人员及时地给予反馈，对此进行正面强化。

以员工培训为例，本来规定是员工如果能够按时完成相关的培训，并取得资格证书的话，员工培训的费用则全部由公司支付。但是，实际上员工没有能够在规定的时间内完成培训，并且没有取得资格证书，企业应该给予员工相应的处罚，例如，可以要求其中一半的培训费用由员工个人承担，并且员工还要继续参加并完成培训，取得证书。那么，如果员工能够在二次培训中成功完成培训，并取得证书，企业则应该给予员工一定的反馈，例如，可以表扬员工或是帮助员工承担一部分费用。

通过惩罚之后的反馈，可以有效地将惩罚变为激励，从而达到最大限度激励员工的目的。

7.4 惩罚不是斥责，命令不如引导

在对员工实行奖惩激励的过程中，不可避免地会对员工进行惩罚。在对员工进行惩罚之后，为了让员工能够在工作中改正自己的错误，有一个更加良好的表现，管理者往往还要对员工提出一些建议。惩罚与提出建议，这整个过程有利于提升员工的工作质量。但是，要想达到激励员工的目的，还需要做一些适当的调整。在实际工作中，很多管理者在惩罚员工以及给员工提出建议两个方面存在误区。认为惩罚员工就是简单地斥责员工，给员工提建议就是命令员工。事实证明，如果仅仅是斥责和命令，不仅无法激励员工，还会伤害员工的自尊心，从而降低其工作积极性。为了更好地激励员工，惩罚并不应该只是斥责；而命令员工，也不如引导员工。管理者在实行奖惩激励时，要将两者协调处理。

惩罚不是简单斥责

很多管理者将对员工的惩罚与斥责员工划上了等号，实则不然。在奖惩激励中，惩罚员工只是一种管理手段而已，最终目的是要员工认识到自己的错误，并在之后的工作中加以改正。一些管理者之所以做不好奖惩激励，很大一部分原因是因为其将惩罚员当成了自己对员工发泄不满的一个方式，在惩罚员工时，只是一味地对员工进行斥责。这样的惩罚方式，不仅伤害了员工的自尊心，降低了其工作积极性，还使得上司与下属之间逐渐产生隔阂，不利于员工管理。

艾米是一家外企公司的项目经理，平时在工作中总是雷厉风行，对待下属也是毫不手软。在对下属的管理过程中，虽然艾米实行了奖惩型激励，希望能够通过奖惩实现对下属的激励。但是，艾米却没有把握好奖惩的方式。当下属在工作中出现了错误，艾米总是不分青红皂白地对下属进行一阵斥责。有一次，有一个员工由于疏忽，将举办活动所需要的几个椅子弄丢了，导致活动举办过程中的椅子不够用，最终只能中途从其他地方找了几个椅子。面对这样的情况，艾米作为项目经理，在活动举办的整个过程中都在斥责这名员工，并且是当着很多员工的面。艾米这样的做法，使得本来就因为工作中出现失误而自责的员工的情绪变得更加低落。并且，由于被上司在大庭广众之下斥责，这名员工感觉到自尊心受到了极大的伤害，认为自己之后在同事面前也抬不起头来了。所以，在活动结束之后，这名员工就主动辞职了。

实际上，这名员工的工作能力很强，只是因为活动之间的准备工作过于烦琐，并且当时有另一个员工请假了，所以这名员工要一个人担负两个人的工作量，导致最终出现了失误。而这名员工的辞职，使得公司丧失了一个工作能力很强的员工。

很多管理者在管理过程中，存在与艾米相同或者类似的问题。所以，管理者要想做好奖惩激励，就要明确惩罚并不是斥责，当员工出现错误时，要对员工进行适当的惩罚，而不是简单的斥责。对员工进行适当的惩罚，可以从以下几点入手，见图7－4。

把对员工的命令变成引导

很多管理者为了纠正员工在工作中的错误，常常对员工用命令的方式。这些管理者认为自己是管理者，命令下属是理所应当的。所以，在日常工作中，工作模式更多的是管理者设置工作目标，命令员工必须要按照管理者制订的工作方式工作。但是，每个员工都有不同的性格，如果让所有的员工都按照一个相同的工作模式工作，并且是用命令的口气，不仅员工个人的工作能力没有发挥的机会，在长期受到上司命令的过程中，员工的自主能动性也会逐渐被削弱。长远来看，这样的做法非常不利于员工个人成长以及企业整体的发展。所以，针对这样的情况，管理者应该把对员工的命令变成引导。

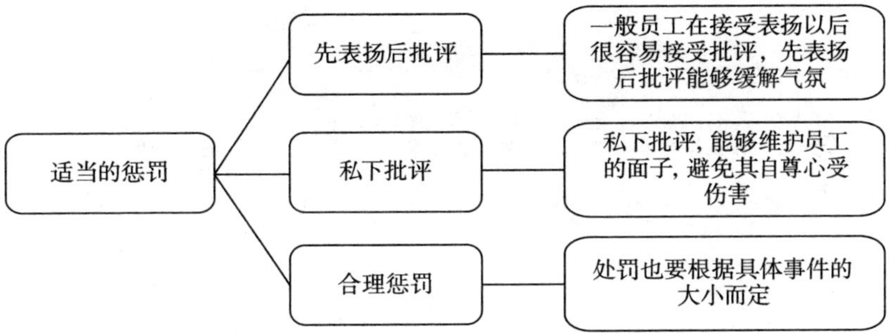

图 7－4　如何对员工进行适当的惩罚

命令员工与引导员工的效果截然不同。以做一个项目为例。命令员工是上司将整体的项目要求与目标确定下来，并对实际的实施过程的每一个环节都设置好，在完成项目的过程中，员工只需要按照上司既定的工作程序做即可，不可以提出自己的意见；而引导员工，则是上司制订出合适的工作目标，给员工做一个大致的工作规划，然后让员工自主完成细节工作，并在具体的工作中给予一定的指导。

通过命令与引导的对比可以发现，命令的管理方式使得员工在工作中失去了自主性，只是机械地按照上司的命令工作。这样的情况不仅无法激励员工，久而久之还会让员工失去工作积极性与上进心；而引导的管理方式则在管理者的控制范围内给予了员工最大限度的自主性。依据上司所制订的工作目标，员工可以自主决定工作的具体实施方式。并且，在员工的实施过程中，由于管理者可以给予其一定的指导，从而可以有效避免员工在工作中出现不必要的失误。

命令不如引导。为达到激励员工的目的，管理者就应该将对员工的命令变为对员工的引导，在可控制的范围内，给予员工最大限度的自主性，从而有效激发其工作积极性。想要在工作中指导员工，管理者需要做好以下几点，见图7－5。

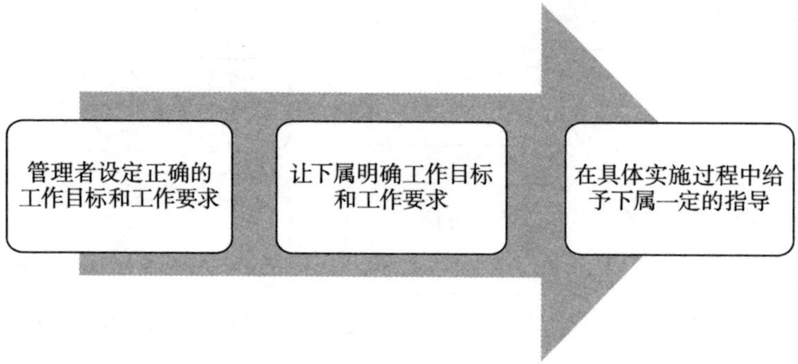

图7－5　管理者如何引导员工

7.5 “个性化”的认可，员工会更受鼓舞

奖惩激励中，一个重要的环节就是赞美员工。当员工在工作中取得了优异的成绩时，管理者就要及时对员工进行赞美。赞美员工并不是简单地说一句你真棒就可以的。实际上，赞美员工也是一门艺术，给予员工恰当的赞美，不仅能够调动员工的工作积极性，还能够使上司与员工之间的关系更加和谐，是员工激励中一个重要的方式。对于管理者来说，赞美员工只是非常简单的一件小事，却往往能够取得意想不到的效果。

但是，在实际的管理中，很多管理者都做不好赞美员工这件事，常常由于赞美过于泛泛，或者赞美不到点上而适得其反。实际上，要想通过赞美员工实现员工激励，关键就是要将对员工的认可“个性化”。当众赞美员工个人，并且赞美非常具体时，员工就会更加受到鼓舞。

赞美应当个性化

管理者要想让赞美发挥意想不到的作用，首先要考虑你的赞美对员工是否能够产生作用。你给员工的赞美是否是员工想要的，对你的赞美，员工是否受用。根据著名的美国数学家、抽样调查方法的创始人盖洛普对 30 个行业中 10000 个工作小组的分析最终得出来的结论，在赞美员工时，个性化是关键。要想让赞美员工发挥出明显的作用，在赞美员工的过程中，就必须按照受赞美者而非赞美者的喜好量身定做。例如，有的员工喜欢被上司在大庭广众之下赞美，而有的员工则希望上司能够在私下用一对一的

方式赞美自己；有的员工喜欢上司在赞美自己时能够给自己一些物质上的奖励，而有的员工则希望上司在赞美自己时能够帮助自己做一些职业规划，以便自己能够在职业道路上获得更好的发展，等等。不同的员工所希望的赞美方式不同，只有将对员工的赞美个性化，才能将赞美的效果最大化。

张琳是一名人力资源经理，在工作中，张琳非常注重对员工的赞美，希望通过赞美员工来激励员工，提升员工的工作积极性。但是，在赞美员工时，张琳并没有注意到被赞美的员工个人到底喜欢什么样的赞美方式，而是只依靠自己的喜好。由于张琳认为当着所有员工的面赞美某个员工，这名员工就会非常开心。所以，张琳赞美员工时，总是在大庭广众之下。

有一次，张琳又在大庭广众之下赞美了一名员工。但是，由于这名员工本身性格比较内向，听到张琳当着所有员工的面赞美自己，这名员工非但没有感到开心，反而感觉很难为情。甚至为了再次避免这样的“尴尬”，这名员工在之后的工作中并不像之前那样努力，就是为了上司不再表扬自己。

从以上案例中，可以看出个性化赞美的重要性。所以，管理者在赞美员工时，要根据员工的喜好，给员工个性化的赞美，最大限度地发挥赞美的作用。

在实行个性化赞美之前，管理者可以向员工提问以下问题，做到对每个员工的喜好了如指掌，见图7－6。

赞美应当名副其实

真正能够对员工起到激励作用的赞美一定是名副其实的。当员工因为自己的某一个行为得到了上司的认可，就能备受鼓舞。但是，在实际的管理中，很多管理者都只是为了赞美而赞美。很多赞美员工的原因并不真实，甚至员工并没有做出什么值得认可的工作成绩，管理者仍然会赞美员工。当员工听到这样的赞美时，不但无法从中受到鼓舞与激励，还会感觉摸不着头脑。甚至有的员工会认为自己不论把工作做成什么样都会受到上司的表扬，所以在工作中逐渐降低了积极性。这样的情况非常不利于激励员工。所以，为了使赞美员工发挥出重要的作用，管理者在赞美员工时，就要针对员工真实的工作业绩与工作表现做出赞美，保证对员工的赞美名副其实。

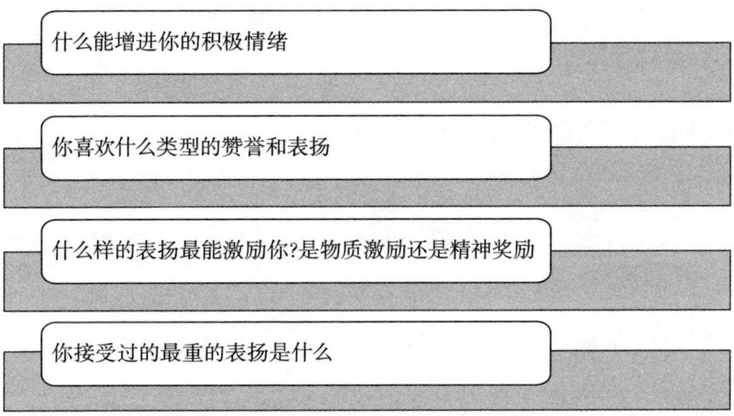

图 7－6　在赞美员工之前需要了解的问题

苏珊是一家外企的销售部经理。在对员工的管理中，苏珊经常会通过赞美员工达到激励员工的目的。但是，苏珊在赞美员工时陷入了一个误区，事实上，苏珊很多时候都只是为了赞美员工而刻意找出一个赞美的理由。例如，当员工并没有做出什么可以赞美的工作成绩时，苏珊会以类似于“你的工作能力真的很强”这样的理由赞美员工。当听到苏珊这样的赞美时，员工并不会感觉到高兴，而是会有些摸不着头脑。由于很多赞美并不名副其实，导致苏珊对员工的赞美并没有起到明显的作用。

管理者在赞美员工时，应该避免出现苏珊类似的问题。只有当员工取得一定成绩时，才可以赞美员工。这样，不仅员工听到赞美后会高兴，甚至上司的赞美在员工的心目中也会因此而变得更有分量。

赞美应当详细具体

著名的波什定律指出：一旦知道了什么地方做得很好，人们就会去努力把这一地方做得更好。通过波什定律可以发现，对员工的赞美越具体，员工受到的激励程度就会越深。具体的赞美使人有一种被重视的感觉。虽然只是一个小的进步、小的贡献，但管理者提出表扬时，员工的内心就升腾出被尊重感，就会使他充满一种要超越这一次贡献的愿望。所以，管理者在赞美员工时，要尽量做到详细具体。

以赞美员工计划书做得好为例，在赞美员工时，不要仅仅说："你真棒，做得不错。"而是要尽量将赞美具体化，例如："你的计划书做得很好，特别是第二部分的图表做得非常棒。"通过这样的方式，将赞美具体化，能够让员工更加明确自己哪里做得出色，不仅能够提升员工的工作积极性，还能够让员工在之后的工作中更加明确自己的努力方向。

7.6 “三明治”式批评，你的意见更能被接受

管理者在对员工的工作进行评价时，当看到员工的不足时，无法避免地要对员工提出批评，以让员工能够在之后的工作中改进自己的工作。但是，如果简单直接地批评员工，不但无法激励员工，反而员工会因为受到了批评，感觉自尊心受到了伤害，甚至会降低员工的工作积极性。在这样的情况下，为了既能让员工改进工作，又能激励员工，就要避免简单直接的批评，而要采用“三明治”式批评，让管理者的意见更能够被员工所接受。

不要当众批评员工

简是一名销售经理，在员工管理中，简决定实行奖惩型激励。但是，在批评员工的过程中，总会出现以下这样的现象：

当简发现员工在工作中存在不足，或者员工在工作中出现失误时，简就会不顾场合，马上将员工的错误指出来，甚至是当着很多员工的面。这样的做法，不仅无法让被批评的员工认识到自己的错误，并在之后的工作中自觉改正，反而会让被批评的员工感觉到自尊心被伤害，从而降低了工作积极性，在之后的工作中，变得一蹶不振，甚至出现了逆反心理。简本来想要通过批评员工，指出员工的错误，让员工自觉改正自己的不足，而结果却与预期的效果截然相反。

简的疑惑，在很多管理者的管理过程中都出现过。这些管理者希望通过批评教育，让员工认识到自己的错误，并在之后的工作中加以改进。希望通过这样的方式，达到激励员工的目的，可是实际的结果却让管理者感到疑惑。

“三明治”式批评更易被接受

实际上，当发现员工在工作中出现错误时，并不是不能通过批评员工达到激励员工的目的，而是管理者在批评员工时用错了方法。如果像上文中的销售经理简的批评方式一样，不顾场合，直截了当地批评员工，无法避免地会让员工感觉到自尊心受到了伤害，自然无法起到激励员工的作用。所以，在员工出现错误时，要想通过批评员工达到让员工改进工作，提升工作积极性的目的，就要采用迂回的批评方式，也就是“三明治”式批评。

在批评心理学中，人们把批评的内容夹在两个表扬之中，从而使受批评者愉快地接受批评的现象，称之为“三明治效应”。同样，管理者在看到员工的不足，要对员工提出批评时，就可以利用“三明治效应”，用“三明治”式的批评向员工提出意见。通过这样的方式，员工就会更容易接受意见。

美国著名企业家玛丽·凯在《谈人的管理》一书中写道：“不要只批评而是要赞美，这是我严格遵守的一个原则。不管你要批评的是什么，都必须找出对方的长处来赞美，批评前和批评后都要这么做。这就是我所谓的‘三明治策略’——夹在大赞美中的小批评。”接受批评最主要的心理障碍是担心批评会伤害自己的面子，损害自己的利益。为此，批评者应该在批评前帮助被批评的一方打消这个顾虑。打消其顾虑的方法就是将批评夹在赞美当中，也就是在肯定成绩的基础上再进行适当的批评。“三明治”式批评相比直截了当的批评更加容易被接受。其原因主要包括以下几点，见图 7 – 7。

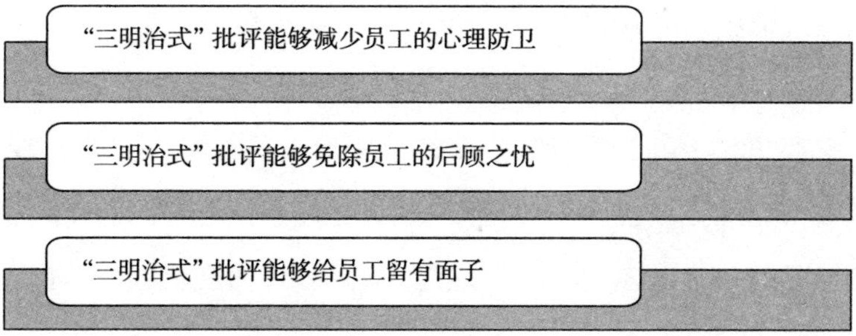

图7－7　“三明治”式批评更容易被接受的原因

管理者要实施“三明治”式批评，要实施三步步骤：

步骤一：对员工的整体工作做出赞美，让员工感受到自己的工作被上司赏识、认同。通过这样的方式，不仅可以给谈话定下一个基调，让员工由于自己的工作被上司认可而感觉到开心。还可以通过这样的方式，让员工尝到一点“甜头”。那么之后如果给员工提出一些意见，员工就不会感觉到特别反感，反而更容易接受上司对自己提出的一些批评和意见。

步骤二：对员工委婉地提出你的批评意见和改进建议。有了步骤一中的赞美做铺垫，再对员工提出批评的话，整个谈话的氛围就不会变得非常僵化。员工仍然沉浸在被上司认可的喜悦之中。在这时，如果对员工提出一些意见的话，员工会认为这是上司希望自己变得更好的表现。对于上司提出的意见就会欣然接受，而不会因为上司对自己的工作提出了一些批评意见而感到沮丧。

步骤三：向员工提出鼓励、希望，让对方去改正自己的不足。在对员工提出批评意见和改进建议之后，为了激励员工，还需要进行“三明治”式批评的最后一步，对员工提出自己的希望。通过这样的方式，可以让员工感受到自己是被上司所重视的，并且，上司对自己抱有很大的希望。听到这样的话语，无形之中就会增加员工的工作积极性，为了达到上司对自己的期望，员工就会在之后的工作中，付出比以往更多的努力。

将上述三个步骤合并起来，“三明治”式批评就可以表达如下：

XX 员工，我觉得你的工作能力很强，对于你在工作中表现出的工作能力，大家都非常认可，你也为公司做出了很大的贡献。但是，我觉得你可以在 XXX 地方稍微改正一下，这样，你在工作中会有更好的成绩。我相信你一定可以的，希望你能够改正这些小的不足，完善自己，在工作中获得更高的成就。

7.7 “一碗水端平”，公平公正是奖惩激励的前提

员工内心是否感到自己受到了公正的对待，对于他的工作态度是至为重要的。所以，在对员工实行奖惩型激励时，是否能够在奖惩员工时“一碗水端平”，做到对事不对人、公平公正地奖惩，是奖惩型激励能够发挥作用的一个重要因素。如果在奖惩的过程中，不能做到公平公正，而是区别对待，那么奖惩制度本身在员工的心目中就会失去权威性，员工甚至会对奖惩制度感到反感。在这样的情况下，激励员工就无从谈起了。

奖惩不公严重影响奖惩激励的效果

在实际的员工激励过程中，很多管理者在实施奖惩激励时，最终的激励效果并不好。

艾米是一家公司的销售部经理，在员工管理过程中，为提升销售部门员工的工作积极性，进而提升整体的销售业绩，艾米决定实施奖惩激励。艾米规定了每位员工在一个月之内应该完成的销售业绩，并在每个月的月末进行销售业绩评比。经过评比，每个月的销售冠军可以获得一份额外的奖金，而排在最末位的三名员工则要扣除一部分工资。

有一次，在 6 月份进行月末业绩评比时，经过将全部销售员工的销售业绩进行评比，最终确定出了当月的销售冠军，约翰、简、苏珊三个人因为销售业绩不理想而分别排在了倒数第一、倒数第二以及倒数第三的位

置。按照既定的奖惩制度，约翰、简、苏珊三人都应该被扣除一部分工资。但是，在实际的奖惩过程中，艾米却因为与约翰的关系比较亲近，没有扣除约翰的工资。这样的做法，不仅引起了简和苏珊的不满，还引起了整个销售部员工的不满。大家认为艾米做事不公正，奖惩制度也就是一个幌子。所以，在之后的工作中，大家都不遵守奖惩制度，并且工作积极性也明显降低了。

从上述的案例中我们可以看出，虽然艾米在制订奖惩制度时，将奖惩制度设置得非常完善，但是，却因为实际的奖惩过程中没有做到公平公正，最终影响了奖惩制度在员工心目中的权威性，削弱了奖惩激励的效果，甚至起到了反作用。

了解原因，避免不公平奖惩现象

通常，奖惩中出现不公平的现象，主要有以下原因，见图 7－8。

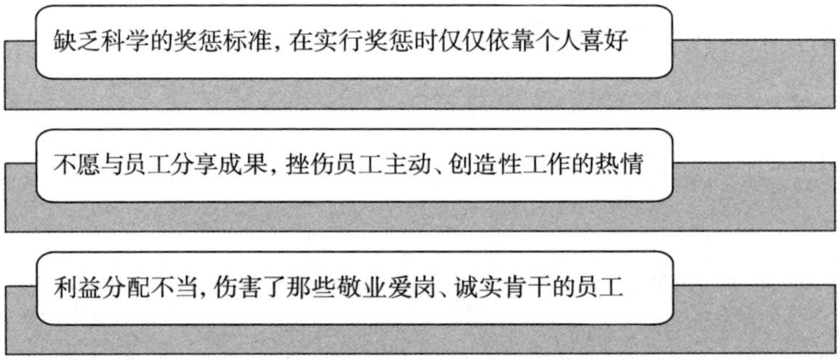

图 7－8　出现奖惩不公平现象的原因

完善奖惩激励过程，实现真正的公平公正

公平公正是奖惩激励的前提，奖惩激励中的公平公正，表现在制订奖惩制度、实施奖惩制度等奖惩激励的全过程。总体来说，为保证奖惩激励的公平公正，管理者应该把控好奖惩激励的各个环节。

第一，明确各岗位的具体职责。奖惩激励中，对员工实行奖惩的最重要依据就是，员工是否完成了自己职责范围内的工作。所以，明确各个岗位的具体职责，以便在之后的工作评价过程中有明确的依据，保证工作评价结果的准确性，是保证奖惩公平的重要前提。

管理者在明确各个岗位的具体工作职责时，可以按照以下方式设置，见图 7－9。

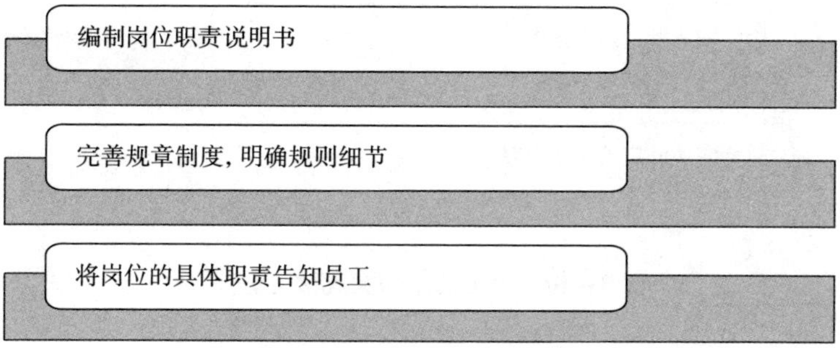

图 7－9　如何明确岗位职责

第二，各个岗位的工作量相对平衡。由于员工各项工作的实际完成情况对奖惩激励具有非常重要的影响，所以，为保证奖惩激励的公平公正，要在设计各个岗位的工作量时，尽量保证各个岗位的工作量能够相对平衡。所谓的岗位工作量相对平衡，主要是指各个岗位的工作量既应该满足企业整体的工作目标要求，同时，又要在员工能力所及的范围内。如果所设计的岗位工作量远远超过员工的能力，那么，员工必定要因为无法完成工作量而遭受惩罚。这样的情况不仅不利于提升工作效率，还会让员工感觉到企业对自己非常苛刻，会对其工作积极性产生负面影响。

第三，薪资标准要有针对性。很多企业之所以无法做好奖惩激励，就是在设定薪资标准时出现了错误。这些企业往往将员工的薪资标准设置成为一个确定的标准，而不是根据实际情况的变化而变化。例如，员工没有完成既定的工作内容时，薪酬是一个标准，而当员工完成了既定的工作内容时，却与超额完成工作内容时的薪资标准相同。这无疑非常容易引起员工的不满。所以，为保证奖惩的公平性，员工的薪资标准应该有针对性，不同的工作情况应该有不同的薪资等级。

员工的工作完成情况主要有以下几种，见图 7－10。

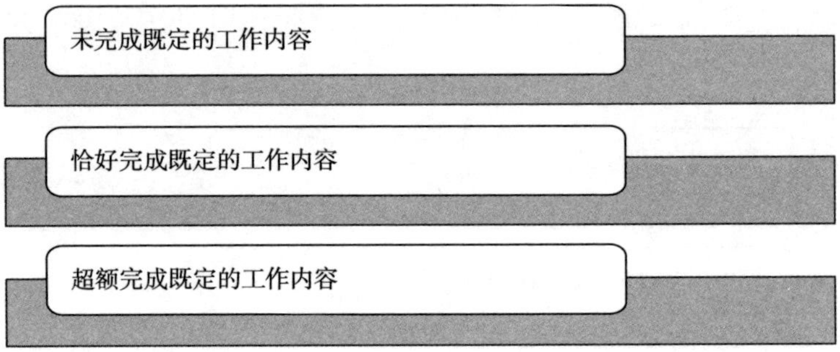

图 7－10 员工的工作完成情况分类

为保证奖惩的公平性，管理者在设计员工的薪资标准时，要按照员工不同的工作完成情况，设置不同的薪资标准。

第8章

晋升培训：
发展型激励让员工尽力奔跑

当下，员工职业生涯规划已成为企业发展与员工个人价值实现的连接枢纽，是管理实践中的一项重要工作。每个员工都有发展的需求与欲望，都希望更上一层楼。管理者对员工实行发展型激励，通过尽可能地为员工提供晋升发展空间，让员工在职业生涯中看到希望，在提升自身工作效率的同时，为企业创造出更多的利润。

8.1　给他一个舞台，他的工作他做主

在对员工实行发展激励的过程中，为了使员工获得良好的发展机会和发展空间，关键是要给员工一个适合他的舞台。让员工能够在这一工作的舞台上尽情发挥自己的能力，最大程度地挖掘自己的潜力，让员工自己为自己的工作做主，可能会获得意想不到的效果。如果只是将员工束缚在一个固定的工作岗位上，制订各种条条框框要求员工在工作中严格遵守，这样无疑会扼杀了员工自身的能力与兴趣发展。

让员工参与到工作计划的制订当中

管理者往往认为，工作计划就是由管理者制订的，而员工只需要按照既定的计划执行即可。因此，在很多企业中，管理者对待员工的态度都是只要员工做好本职工作就可以，企业中几乎所有的事情都由管理者决定，所有的工作计划都由管理者发布，员工在这一过程中，没有机会发表任何意见。长此以往，员工渐渐成为了完成工作和执行计划的工具，缺少一个平台，并且，在这样的工作状态下，员工的能力得不到认同，工作积极性自然无法提升。

事实上，很多员工在掌握了熟练的技能之后，便选择了离开企业。员工这样的行为让管理者对员工的忠诚度产生了严重的怀疑，但是，管理者却往往意识不到员工做出这样选择的真正原因。

其实，员工都需要企业为自己搭建一个可以发挥自己能力的平台，一

个能够让员工发表意见的平台，一个相对自由宽松的工作环境。如果企业一直无法为员工提供的话，员工就会感觉到没有希望，自然会选择“出走”，为自己另谋出路。

所以，管理者在对员工实行发展激励时，为了给员工提供一个舞台，首先就要做到让员工参与工作计划的制订。通过管理者与员工进行商讨，结合具体的工作情况，制订合适的工作计划，尽可能地给员工一些空间，让其能够发挥出自身的工作能力。

在具体的工作中给予员工最大限度的自由

在实际工作中，很多工作岗位都有较强的专业性，需要具有专业技能的员工完成工作。很多情况下，管理者对于一项具体工作的了解程度远远低于具有相关专业技能的员工。但是，很多管理者即使对具体的工作流程以及操作要求并不是很了解，但是总是以外行人的身份干扰具有专业技能的员工的工作。导致外行指导内行，不仅无法提升工作效率与工作质量，反而打乱了工作秩序，造成了混乱。

给员工一个舞台，让员工能够在自己的工作中做主，就要在具体的工作中给予员工最大限度的自由，特别是一些需要有专业技能的工作。管理者应该避免对员工的工作提出过多的意见，以免影响正常的工作秩序。给员工充分发挥的空间，让员工能够在工作中最大限度地发挥自己的聪明才干。这样，一方面，管理者可以减少对员工工作的意见，将自己从烦琐的管理工作中解放出来；另一方面，由于员工在工作中拥有了更多的自主权，那么员工在工作中就能够得到更多的锻炼。并且，由于有了更多的自主权，员工就会感觉自己受重视，进而提升自己的工作积极性。

管理者予以适当的监督指导

虽然在对员工实行发展激励时，管理者要尽可能给予员工最大限度的自由，让员工能够将自己的工作能力最大程度地发挥出来，但这并不代表管理者可以成为“甩手掌柜”，什么都不管。

员工在工作中不可能做到十全十美，所以，管理者要以企业整体的工作目标与工作要求为依据，对员工的工作行为做适当的监督指导。在给员工自由的同时，对员工的工作行为做一定的监督指导，只有这样，才能有效避免员工在工作中由于考虑问题不全面，或者操作不当出现失误而给企业造成损失。

8.2 一条明确的上升通道让员工干劲十足

要想让一个员工充满干劲，除了要给其提供可观的薪酬之外，最重要的是要让员工在工作中看到希望。一个人如果没有了希望，就会感到前途渺茫，就会在工作中得过且过。而这一希望，就是一条明确的上升通道。所谓上升通道，指的是员工在自己的职业生涯中的发展前景与职业晋升道路。管理者要想通过发展激励提升员工的积极性，就要给每位员工提供一条明确的职业上升通道。这样有利于员工树立自己各个阶段的工作目标，而人一旦有了目标，工作起来自然会充满动力。

帮助员工解除职业发展中的迷惑

任何一个有上进心的员工都希望自己能够在职业生涯中获得良好的发展，在工作中取得一定的成就。但是，并不是每一个员工都对自己的职业生涯有一个清晰的目标与规划。大多数的情况是员工自身迫切希望获得发展机会，让自己在工作中取得进步。但是，由于对自身特点以及外部条件认识不足，并没有设置出一个具体的发展要求与发展规划。在这样的情况下，管理者首先要帮助员工解除在职业发展中的各种迷惑，帮助员工认清自己，从而对自己的发展有一个明确的规划。

惠普是一家著名的资讯科技公司。在惠普，非常重视员工的发展激励。在员工管理中，惠普帮助员工了解自己，然后帮助员工制订适合的职业发展规划。在这一过程中，惠普首先做的是帮助员工全方位地了解自身需求。为了让公司员工更好地了解自己，除了会有专门的人员对员工进行调查，惠普公司还在网上为员工提供了技能和需要的自评工具，员工只需要使用这一工具，就可以得出自评的结果，对自身有一个更加明确的认识。惠普公司通过这样的方式，帮助公司中的每一个员工制订了详细的职业发展规划。这样的做法，不仅降低了公司员工的流失率，还使每位员工明确了自己的工作目标，有效提升了员工的工作积极性。

在帮助员工了解自身的过程中，管理者可以参考以下方法，见图 8－1。

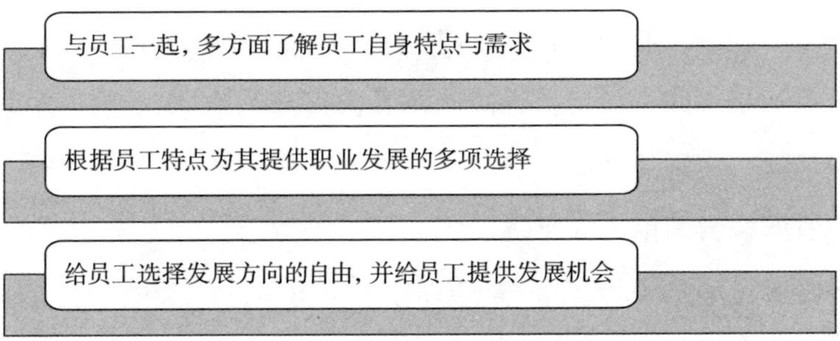

图 8－1　如何帮助员工解除职业发展中的迷惑

为员工搭建发展平台

在帮助员工了解自身，解除了职业发展中的迷惑之后，员工就会对自己的职业发展形成一个相对清晰的目标。在这样的情况下，管理者就要帮助员工搭建适合的发展平台，尽可能地为员工提供发展的机会，让员工能够在实际的锻炼与学习中提升自己的能力。

约翰是一家科技公司的技术部经理，为了激励员工，提升员工的工作积极性，约翰总是为员工搭建各种各样的平台，让员工展示自己，也通过这样的机会，让员工相互学习，为员工的职业发展提供帮助。例如，技术部的员工对提升自身的技术水平有非常迫切的需求，员工们都希望能够通过提升自身的技术水平而在职业道路上获得更好的发展。为了满足员工这一需求，约翰经常在公司内部举办一些技术比拼擂台赛。由技术专家出题，员工用自己的专业技术解决问题。在这一过程中，不仅员工有了展示的机会，还促进了员工之间的技术交流与学习。也正是通过这样的方式，让技术部员工的技术水平有了明显的提升，在职业道路上有了更好的发展。

很多员工空有一身抱负，却始终没有发展的平台，自身的能力得不到施展，也无法得到提升。所以，管理者要尽可能为员工搭建发展平台，让员工能够依托这些发展平台，展示自身的能力，并在实践中不断提升自身能力。通过不断实践，员工可以快速提升自身能力水平，在自己的职业道路上越走越远，实现更好的发展。

保证发展机会面前人人平等

管理者通过给员工提供一条明确的上升通道，达到激励员工的目的，首先要保证在提供上升通道的过程中，每个员工所获得的机会均等，竞争公平。任何有失偏颇的行为都无法博得员工的好感，激励员工也就无从谈起。所以，在帮助员工了解自身，为员工搭建发展平台后，如何使用发展平台，是能够成功激励员工的关键。在使用发展平台时，面对各种各样的机会，应该保证每个员工都拥有同样的机会，都有平等的权利通过发展平台展示自己、提升自己。

在某家著名的互联网公司中，公司为员工搭建了各种各样的发展平台，希望通过给员工提供发展机会，帮助员工提升自身能力，也给员工提供一条明确的上升通道。但是，在实际的实施过程中，却没有做到机会人人均等。负责这一事务的经理在确定可以参加各项活动的员工时，并没有公平对待，而是把大多数机会都给了与自己亲近的、会给自己献殷勤的员工，而很多有能力却不愿对经理阿谀奉承的员工则错失了很多的机会。

这样的方式，不但没有起到激励员工的作用，反而让员工感觉公司做事不公平，逐渐丧失了对公司的信心。很多有能力的员工都选择跳槽，使这家公司遭受了严重的人才损失。

通过上述案例可以看出，管理者要想给员工提供一条明确的上升通道，用发展激励提升员工的工作积极性，就要保证在发展机会面前人人平等，严格做到公平公正。

8.3　提供培训机会表达你的重视度

任何一个有理想、有抱负的员工，都不会只满足于现状，而是希望能够通过不断学习和实践提升自己的工作能力，以便在职业道路上获得更好的发展。而对于职场人士来说，最好的学习、充电的方式就是参加培训。所以，管理者在对员工实行发展激励时，可以通过给员工提供一定的培训机会向员工表达自己的重视，并通过这样的方式，为员工提供一定的学习机会，让员工在培训中提升自己的工作能力与工作积极性，从而为企业创造更多的效益。

A公司是一家大型保险公司，公司实力雄厚，管理水平很高，具有完善的员工管理制度。但是，A公司却始终存在一个问题——员工队伍不稳定。在A公司，员工的离职率非常高，这一问题的存在严重影响了A公司中员工的稳定，并且给A公司造成了巨大的人力成本的浪费。据A公司的人力资源部门统计，在离职率最高的一年，员工的离职率甚至达到了30%。为了找出问题的原因并解决，A公司的管理者在在职员工之间发起了一份问卷调查。在这份问卷调查上，共有以下几个问题，见表8-1。

表 8－1　想要做出离职决定的调查问卷

想要做出离职决定的原因是什么？
1. 工资太低
2. 福利待遇不完善
3. 工作压力过大
4. 管理过于严格
5. 没有培训机会

当问卷调查完成后，经过人力资源部门的综合统计，将最终结果交给了 A 公司的管理者。在看到调查结果之后，A 公司的管理者感到非常震惊。根据调查结果显示，员工做出离职决定的原因，有 95% 是因为没有培训机会，仅有 5% 是由于其他四项原因。

面对这样的情况，A 公司的管理者意识到了培训机会对于员工的重要性——员工需要通过参加一定的培训，提升自身的工作能力，在工作中获得更好的发展。所以，培训机会对于员工来说至关重要。为了改变这样的情况，A 公司的管理者决定给员工提供尽可能多的培训机会，针对不同部门员工的不同需求，给员工安排了适合的培训课程。除此之外，A 公司还将员工培训列为了员工管理激励中的重要内容，将培训变成了公司持续的工作。而 A 公司中的员工因为有了培训机会，感觉自己有了学习机会与上升空间，对自己的未来充满了希望，离职率有了明显的下降。

实际上，很多企业都存在与 A 公司相类似的问题。这些企业往往认为培训员工会增加企业的成本，所以，在企业管理中给员工提供的接受培训的机会非常少，甚至完全没有。殊不知，员工的期望并不只是眼前的薪酬，还有学习发展的机会。如果没有学习培训的机会，员工非常容易觉得前途无望，从而逐渐降低了工作积极性。一旦出现这样的情况，表面上看似通过减少员工培训机会为企业节省了成本，实际上，员工因此降低了工作积极性，减少了为企业创造的利润，对于企业来说得不偿失。所以，企业要想通过发展激励达到激励员工的目的，就要尽可能地为员工提供培训机会，让员工获得学习的机会。

在给员工提供培训机会的过程中，管理者应该明确培养员工是一项系统工程，想要获得良好的激励效果，需要遵循一定的原则。

保持培训活动的持续性

一些管理者为节省开支，将给员工提供培训机会看成了稳定员工、激励员工的权宜之计，培训活动偶尔举办一次，甚至只将培训活动停留在口头上，并没有真正地落实。这样的方式无疑是错误的，对长久激励员工、提升员工的工作能力与工作积极性没有任何实质性的帮助。

为员工提供持续的培训机会，不仅有助于实现提高收益的目的，还有利于创建一个责任共担的工作团队。通过企业管理者与员工相互协作，能够快速提升员工的工作技能水平，从而最终提升工作团队的整体工作水平。所以，管理者在培训活动中，要尽可能地保证培训活动的持续性，避免让培训活动流于形式。只有这样，才能真正将培训活动的作用最大化。

保证培训活动的针对性

给员工提供培训机会的最主要目标在于激励每个员工的成长与发展，从而提升员工的工作积极性与工作能力。但是，每个员工所接触到的知识背景不同，其所具备的具体知识和能力是不同的，并且，每个员工对自己未来具体的发展方向的期望不同，其所需要接受的培训方式和培训内容存在巨大差异。在这样的情况下，如果仍然只采用统一制式的培训活动与培训内容，是不适合的，只有一种培训方式是无法让每个员工都受益的。在这样的情况下，就要保证培训活动的针对性，通过给每位员工有针对性地提供适合其发展要求的培训内容，保证培训效果最大化。

管理者要充当员工的导师

为了增强员工的学习效果与激励水平，管理者还应该在培训活动中做好员工的导师，源源不断地就组织的目标与经营理念为员工提供信息，教导员工如何在团队工作中发挥自己的作用，并帮助员工解决培训过程中出现的问题。通过管理者的辅导与帮助，员工的工作能力会更快地加强。

8.4 不断的晋升能够持续“诱惑”员工

任何一个有追求的员工，都不甘心永远停留在一个职位上，而是希望自己能够不断晋升，通过任职更重要的职位，将自己的个人价值最大化，同时也为公司做出更多的贡献。所以，职位晋升对员工是一个极具吸引力的条件。在对员工实行发展激励时，管理者则可以根据员工的这一期望，设置对员工的激励方式。在管理员工时，让员工看到自己职位晋升的希望，并给员工职位晋升提供多种机会。通过这样的方式，员工就会在晋升机制下不断努力，管理者也通过不断的晋升给了员工持续的“诱惑”，让员工激励发挥出长久的作用。

实行轮岗制，为员工晋升打下基础

轮岗制度现在已经成为了企业培养人才的一种有效方式。很多成功的公司如 IBM、摩托罗拉、西门子、爱立信、华为等都已经在公司内部或跨国分公司之间建立了岗位轮换制度。员工如果长期在同一个职位上工作，不免会产生腻烦心理，在心理上产生一种疲惫感。而轮岗制度则可以有效解决这一问题。通过定期或者不定期地给员工更换工作岗位，在不同的工作内容和工作要求下，员工就会充满挑战与新鲜感，从而有效提升其工作积极性；除此之外，因为轮岗制度，员工可以接触到不同的工作岗位，在岗前培训以及岗位实践中，员工就会掌握多个岗位所需要的技能，这无疑拓宽了员工的职业宽度，员工可以适应的岗位增多，工作能力增强，则为员工的晋升打下了坚实的基础。

阿里巴巴公司一直有严格的内部轮岗制度，阿里巴巴的管理层每年都会有调动。在阿里巴巴，一个管理人员想获得更好的提升，必须具备两点：一是接班人计划完成得很好；二是有过轮岗经历。例如，在 2012 年，阿里集团曾宣布过一项管理层轮岗计划，22 名中高层管理干部涉及其中，调动跨越阿里巴巴集团旗下全部子公司。并且，在这次轮岗计划中，阿里巴巴的高层也做了相应的调整。其中，阿里巴巴集团 COO 李琪，CTO 吴炯、孙彤宇及资深副总裁李旭晖将离开现任岗位；集团执行副总裁、中国雅虎总裁曾鸣于第二年 1 月 1 日起调任集团参谋部参谋长；集团资深副总裁、支付宝公司总裁陆兆禧将调任淘宝网总裁；金建杭将调任中国雅虎总裁；集团副总裁、淘宝网副总裁邵晓锋将调任支付宝公司执行总裁。

阿里巴巴通过轮岗制，为企业培养了大量复合型人才。员工通过轮岗，掌握了更多的工作技能，从而有能力在职位晋升中胜任更高的职位。

设置晋升标准，避免晋升通道单一和混乱

在实际的员工管理中，员工的晋升通道通常都比较单一，大都为员工级别、主管级别、经理级别的依次晋升。但是，由于缺乏明确的晋升路径说明及晋升标准，人员的晋升也较为混乱，领导“拍脑瓜”决定晋升人员的情况也屡见不鲜。有的老员工工作了十几年仍是员工级别，而同部门才工作一两年的人就晋升到了主管级别；一些能力不错的员工迅速晋升到经理级别后，也引发了其他员工的不满。这样的员工晋升通道暴露出了单一以及晋升标准混乱的问题，将严重影响职位晋升对员工的激励效果。所以，管理者想要为员工打通晋升通道，就要设置完善的职位晋升方式以及晋升条件。

在职位晋升方面，为了保证员工晋升通道的顺畅，杜绝单一的晋升通道，管理者应该做好以下方面的问题，见图8－2。

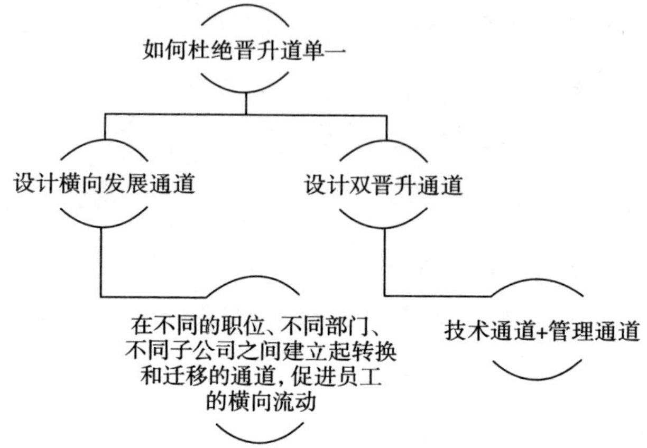

图8－2　如何杜绝晋升通道单一

管理者在设置好晋升通道之后，还要设置明确的晋升标准，以保证人员晋升的有序性。要注意避免由于缺少明确的职位晋升制度，导致在实际的职位晋升中出现上司“一言堂”的情况，造成晋升制度的混乱，打破晋升制度的公平，从而影响最终的员工激励效果。

通常，在设置职位晋升标准时，需要以绩效考核标准以及具体的岗位资格与能力素质标准为依据，结合企业的实际情况，设置符合企业发展要求的员工职位晋升标准，确保员工晋升能够有序进行。

设置完善的考核机制

员工的职位晋升离不开考核。通过考核，才能检验出员工的工作业绩以及实际的工作能力，从而为员工的晋升提供有力的依据。为了保证员工晋升的有序进行，非常重要的一点就是规范对员工的考核，设置完善的激励约束机制。在公平公正的绩效考核机制下，企业可以对员工的工作行为以及工作效果进行有效的评估，并且，通过绩效考核，还可以给员工一种方向感和压力，使员工的工作目标与企业整体的工作目标始终保持一致。

在对员工的考核与晋升中，最大限度地调动员工的工作积极性，改进员工工作的有效性，最终实现人岗匹配的优化。

除此之外，管理者还要通过设置一定的制度，增强员工对企业的归属感，以及员工之间的相互认同感。并且，要对员工经常进行思想交流，掌握员工的思想动态，帮助其解决工作中出现的问题，并倾听员工的合理诉求。通过这样的方式与员工打成一片，不仅有利于管理者加深对员工的了解，为决定员工的职位晋升提供依据，还能够拉近管理者与员工之间的距离，在关心员工的同时，达到激励员工的目的。

8.5 提高期望值，让员工不断挑战

每个人都有潜力，而促使其发挥出潜力，就要依赖正确的方式方法。管理者在管理员工时，也应该认识到员工身上潜在的潜力，在对员工实行发展激励的管理方式时，就要运用一定的方式方法挖掘员工的潜力。通常，员工对待一项工作的态度，取决于这项工作的实际难度以及上司对于自己的要求。在这样的情况下，为了对员工实行发展激励，管理者可以通过提升对员工的期望值的方式，让员工不断挑战，从而挖掘员工的潜力，提升员工的工作积极性。

用期望值理论激励员工

期望值理论是由北美著名心理学家和行为科学家维克托·弗鲁姆提出的，是管理心理学与行为科学的一种理论。弗鲁姆认为，人们采取某项行动的动力或激励力取决于其对行动结果的价值评价和预期达成该结果可能性的估计。换言之，激励力的大小取决于该行动所能达成目标并能导致某种结果的全部预期价值乘以他认为达成该目标并得到某种结果的期望概率。期望值理论表明，对一个人的激励程度取决于行动结果的价值评价（即工作态度）和其对应的期望值（即工作信心）的乘积。

期望值理论为管理者激励员工提供了一个全新的思路。在激励员工时，管理者可以通过提升员工的工作态度与工作信心两个方面来增强对员工的激励效果。

对于员工的指望值，弗鲁姆认为，期望的东西不等于现实，期望与现实之间一般有三种可能性，见图 8－3。

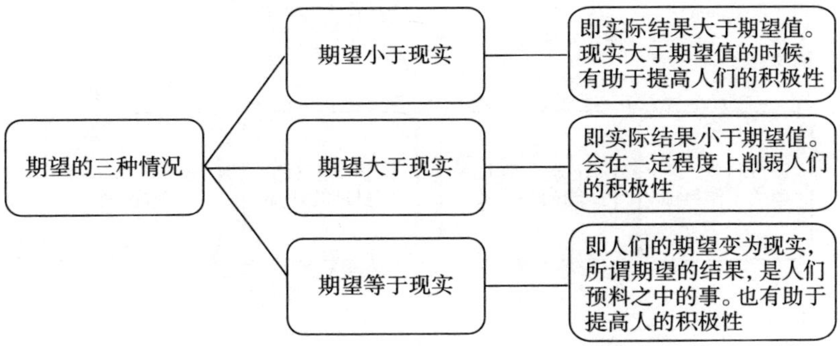

图 8－3　期望值的三种情况

管理者在对员工实行发展激励时，可以以期望值理论为依据，根据期望值的三种不同情况所产生的不同效果，合理设置对员工的期望值，保证发展激励的效果。

提高对员工的期望值

管理者要想通过提高对员工的期望值来达到激励员工的目的，需要做好多个方面的工作。在这一过程中，如果仅仅是管理者自己提升对员工的期望值，而员工自身没有改变的话，那么最终的结果只能是管理者感到失望，而对工作效率的提升没有任何帮助。所以，管理者从员工的角度也要做出相应的调整。通过这样的方式，让员工感受到上司对自己的重视与期望，从而面对工作时变得更加积极。

第一，在设置工作目标时增加目标的吸引力。管理者不仅要为员工设置目标，也要考虑到目标是否是员工所偏爱的，只有员工愿意实现的目标才对员工有足够吸引力。员工面对一个全然没有兴趣的工作目标和一个自己非常感兴趣的工作目标时，所展现出的工作态度与工作积极性是有明显不同的。所以，在设置工作目标时，要尽可能地增加工作目标对员工的吸引力，让员工对工作目标感兴趣，这对于激励员工、提升员工的工作积极性有很大的帮助。管理者可以按照以下流程设置工作目标，见图8－4。

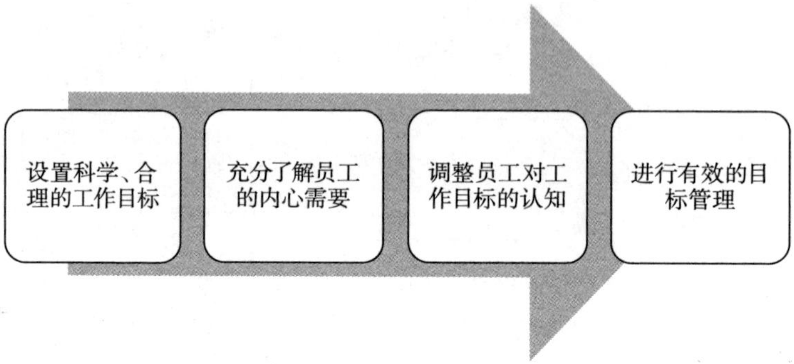

图8－4　如何设置对员工有吸引力的工作目标

第二，提高员工的期望值。通过期望值理论可以发现，员工对自己的行动能否实现工作绩效和最终实现目标的期望值越大，其所感受到的激励作用就越大，在实际工作中表现出的工作积极性就越高。所以，在通过提升对员工的期望值以达到激励员工的过程中，就要适当提高员工的期望值。但是，提高员工的期望值，并不是一项简单的工作，它需要系统设置。如果将员工的期望值提升不当，不仅无法起到激励员工的作用，还会适得其反。管理者应该掌握提升员工期望值的具体方法（见图8－5），以便通过提升员工的期望值激励员工。

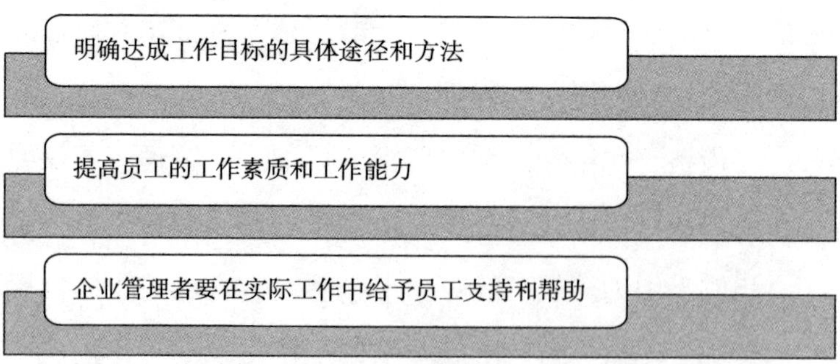

图8－5　提升员工期望值的具体方法

第三，增强工作绩效与所得报酬之间的关联性。所谓工作绩效与所得报酬之间的关联性，指的是员工通过自己的工作绩效能够获得的报酬水平的高低。一般来讲，员工总是希望取得成绩后能够得到相应的报酬或奖酬。如果员工在工作中取得了显著的工作绩效，但是自己的薪酬却没有明显的提升，换言之，员工即使努力工作也无法提升自己的薪酬水平。在这样付出与回报不对等的情况下，员工的工作积极性就会被严重削弱。相反，适当、及时并合理的报酬或奖酬，能使员工更加热情、积极地投入到工作中去。

为了增强工作绩效与所得报酬之间的关联性，需要管理者建立合理的报酬制度。而想要建立合理的报酬制度，让员工在工作中的付出与其所获得的薪酬对等，管理者可以参考以下方法，见图 8 –6。

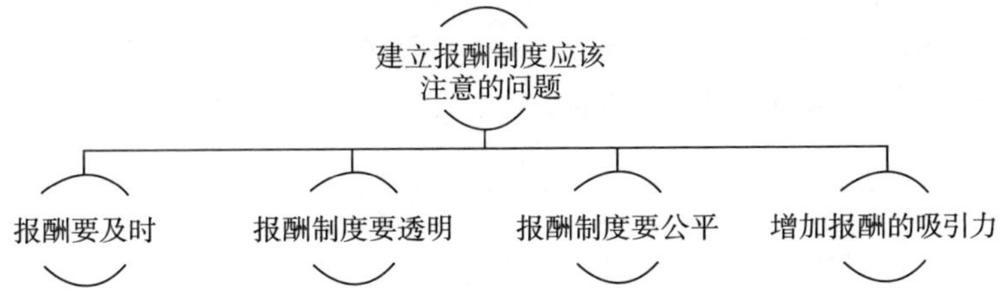

图 8 –6　建立报酬制度应该注意的问题

第四，建立有效的沟通机制。在员工实现激励目标的过程中，员工的内心需要、目标期待、对管理者激励目标的信息反馈及工作能力等方面都会发生变化，管理者只有及时了解这些变化，才能为长期有效的激励员工提供帮助。因此有效的沟通机制是保证员工激励措施有效运行的关键。

管理者必须加强与员工之间的沟通，时刻了解员工的工作动态，这样不仅能够帮助员工解决问题，还可以让员工将自己在工作中的情绪、看法全部表现出来。只有通过加强与员工的沟通，才能保证员工激励的效果。

8.6 让员工各得其所，各尽其才，各取所需

每个人都有自己的优点和缺点，当找到适合自己的位置时，便可以发光发热。管理者在对员工进行发展激励时，为了更好地激励员工，最大限度地将员工的能力发挥出来，就要在管理员工的过程中，尽量避免员工的短处，发挥员工的长处，让每位员工都能各得其所，各尽其才，各取所需。很多管理者在管理员工时，忽略了员工自身的特点，造成了员工所在的岗位并不适合他的情况，从而导致员工的个人能力无法在工作中发挥出来，这不仅降低了团队整体的工作效率，还限制了员工个人的发展，削弱了员工的工作积极性。

了解每个员工的特点，让员工各得其所

管理者在管理员工时，首先要做的就是要将合适的人放在合适的岗位上，在最大程度上实现人岗匹配。通过人岗匹配，可以让员工在工作中将个人价值最大化，给员工一个发挥自己潜能的机会。这样不仅有利于激励员工，提升员工的工作积极性，还可以将整个工作团队的工作效率最大化，为企业创造更多的效益。

而管理者要想让员工各得其所，首先要对团队中的每一个员工形成一个完整、清晰的了解，进而可以针对不同员工的特点为员工安排适合自己的工作岗位。

张磊是一家化妆品公司的经理，平时在管理员工方面，张磊非常注重员工个人能力的发挥。张磊认为，只有把员工放在适合自己的岗位上，才能将员工的潜力最大限度地发挥出来。所以，在平时的工作中，张磊会利用平时工作的时间，以及工作团队进行团队活动的机会，观察团队中的各个员工的性格特点，并且，会根据员工的个人简历，了解员工的主要经历以及拥有的技能。对于团队中性格比较活泼的员工，张磊往往会将其安排在销售、人力资源这样的岗位，而对于那些性格比较内向，做事认真仔细的员工，张磊则会将其安排在后勤一类的岗位上。

张磊通过对员工的观察，将团队中的每个员工都安排在了适合的岗位上，让员工能够在各自的工作岗位上各得其所。也正是因为这样，使得张磊的工作团队一直保持着很高的工作效率。

管理者在管理员工时，也应该像化妆品公司的经理张磊一样，在对员工形成深入的了解之后，为员工找到适合的岗位，让员工各得其所。为了达到这一目的，管理者可以参考以下方法，见图8－7。

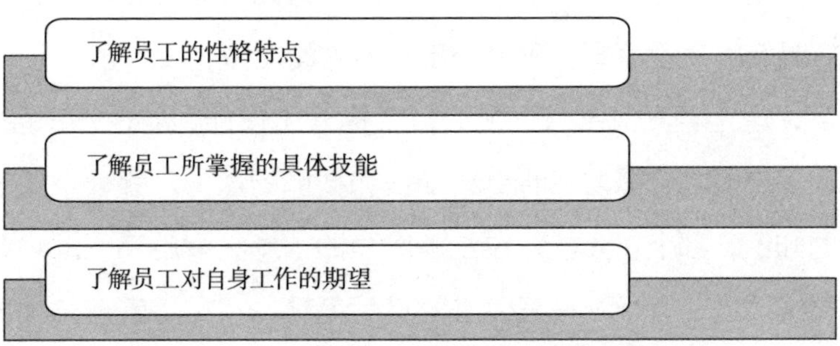

图8－7 管理者如何做到让员工各得其所

发挥员工长处，让员工各尽其才

在保证员工各得其所，各自拥有适合自己的岗位之后，还要保证员工能够在各自的工作岗位上将自身的能力发挥到最大限度，让员工做到各尽其才，这样才能保证员工在工作中获得更好的发展。而要实现员工各尽其才，则需要对每个员工做好具体的分析，通过了解员工自身以及工作状态，实现对员工的整体了解，以便为员工安排适合的工作，进而实现各尽其才。

第一，分析员工的工作时间。每个员工的工作时间都是有限的，只有对员工的工作时间形成一个整体的认识，才能在分配工作任务时，保证所分配的工作任务符合员工的工作时间要求。如果不顾员工的实际工作时间，而盲目给员工分配工作任务，则很有可能由于工作任务与工作时间不吻合而影响整体的工作进程，并且会对员工的能力发挥产生不利的影响。

第二，用柔性管理避免员工束手束脚，最大限度发挥其潜力。现代人力资源管理中的以人为本是最适合现代企业的一种人力资源管理方法，要求管理者充分了解员工的心理需要、自我实现的需要，在对员工的管理中，加入柔性管理，能够有效拉近管理者与员工之间的距离，当员工感觉到与管理者之间更加亲密时，在工作中就能够更加放开自己，从而最大限度地发挥出自身的潜力。而如果对员工的管理缺乏人性化的话，员工在工作中就容易变得束手束脚，不利于工作能力的发挥。

第三，建立学习型组织，帮助员工提升工作能力。在知识经济时代，企业、员工都面临着需要不断更新知识和技能的压力。哪个企业的员工拥有更多的知识，哪个企业就能在竞争激烈的市场上取胜。所以企业要建立学习—持续改进—再学习—再改进的良性循环。在员工管理过程中，管理者要给员工灌输积极学习的文化，并尽可能为员工搭建一些学习平台，为员工提供学习机会。增强员工的能力，发挥、挖掘员工的潜力。

完善薪酬福利制度，保证员工各取所需

对于大部分员工来说，其工作的最主要目的就是为了获取一定的薪酬，可观的薪酬也是提升员工工作积极性，促进员工努力工作的重要因素。所以，在对员工进行发展激励的过程中，保证员工能够各取所需，是提升员工工作积极性的关键。

在很多企业中，经常存在克扣员工工资的现象，这样的做法，短期看可以为企业节省一些人力成本，长远看，由于克扣员工工资，降低了员工的工作积极性，会严重影响企业的工作效率与效益。所以，为保证员工能够各取所需，管理者要完善薪酬福利制度。

第 9 章

团队合作：股权激励让员工与老板站在一起

企业的整体运营效率离不开团队的精诚合作。以企业文化为根基，对员工实行有效而深刻的精神激励；同时，还要设计股权结构对员工实行超越其期望的物质激励，让员工与企业在同一战线上形成利益共同体。精神激励与物质激励相结合，激励效果才能最大化。

9.1 用企业文化保证股权激励效果

企业文化是以人为中心，以文化为导向，以激发员工自觉行为的一种文化现象。企业文化可以约束团队成员的行为道德、经营理念以及工作方式。良好的企业文化能够对企业中的员工产生非常深刻的正面影响。而股权激励由于直接涉及到员工个人利益，极易引发员工之间的利益冲突。运用不当，不仅无法起到正面激励作用，还会适得其反。如果能够用良好的企业文化影响员工，则可以有效避免出现因为个人利益相互争斗的局面。因此，管理者要设计良好的企业文化，以保证股权激励的顺利实施。

企业文化深刻影响员工思想与行为

企业文化作为员工工作中最常接触到的一种精神文化，对员工的思想行为会产生潜移默化的深刻影响，指导其工作行为。

阿里巴巴是著名的网络技术有限公司，阿里巴巴也通过企业文化，对员工实现了深层的激励，推动员工在工作中不断进取、不断前进。阿里巴巴的核心文化是相信员工。在大多数人的观念里面，民营企业的企业文化大多数是由老板决定的，但在阿里巴巴的管理中，他们所遵循的是“企业文化体现在员工行为上，需要发挥群体的力量”。这就是为什么阿里巴巴集团的 BBS 已经成为了阿里最重要的文化阵地。

在阿里巴巴集团的管理文化中，很重要的一条是相信员工。阿里巴巴并不强制员工打卡，甚至对于员工的迟到也并不敏感。规定每天9点上班的阿里巴巴，电梯中最拥挤的时段却出现在9点半到10点之间。

另一个现象体现在阿里巴巴对员工提供的免费晚餐上。阿里巴巴对加班的员工提供免费晚餐，但是享受免费晚餐并不需要上级的审核。当然，不需要审核的免费晚餐自然会有人蹭吃，但阿里巴巴的管理哲学是选择相信员工，“天天蹭吃又不加班，自然会有人说你”。在这样的现象背后，阿里巴巴表现出的是对员工的信任。

阿里巴巴信任员工的企业文化，极大地增强了员工的归属感，对员工有着明显的激励作用。也正是因为这样的企业文化，让阿里巴巴的员工充满干劲，阿里巴巴也成为了一家实力雄厚的企业。

建立良好的企业文化是激励员工的前提

企业文化对员工具有持久而深刻的激励作用，通过企业文化对员工的影响，能够使员工对企业产生深层次的认同，从而在工作中对企业产生认同感。但是，要想通过企业文化对员工的影响激励员工，首先要保证企业文化是合适的、完善的。

某家互联网公司在确立自身的企业文化时，由于企业文化设计不得当，导致在实际工作中，不仅没有起到激励员工的作用，反而对员工之间的团结产生了负面影响。这家公司所设计的企业文化只有一点，就是要“不顾一切寻求个人进步”。长期被这样的企业文化影响，该公司的员工都变得自私自利。

当公司实施股权激励后，员工都为了争夺个人利益而不择手段，员工之间钩心斗角，相互拆台。最终，不仅没有通过股权激励起到正面激励作用，反而影响了团队团结，伤害了同事之间的感情，也损害了公司利益。

上述案例中之所以出现这样的问题，就是因为其企业文化存在缺陷，只注重个人发展，而忽略了团队协作。才使得股权激励实施过程中出现了员工为了一己私利而勾心斗争的问题。由此可以看出，建立良好的企业文化是做好股权激励的前提。

企业文化是设计出来的

企业文化则是设计出来的。为了保证企业文化能够保证股权激励的顺利实施，就要设计一套企业文化，以保证股权激励能够发挥其正面作用。

管理者要设置完善、合理、积极的企业文化，可以四项原则为基础（见图9－1），对自身企业的实际情况进行分析总结，最终制订出适合自身企业的企业文化，保证企业文化能够对员工起到正面的激励作用。

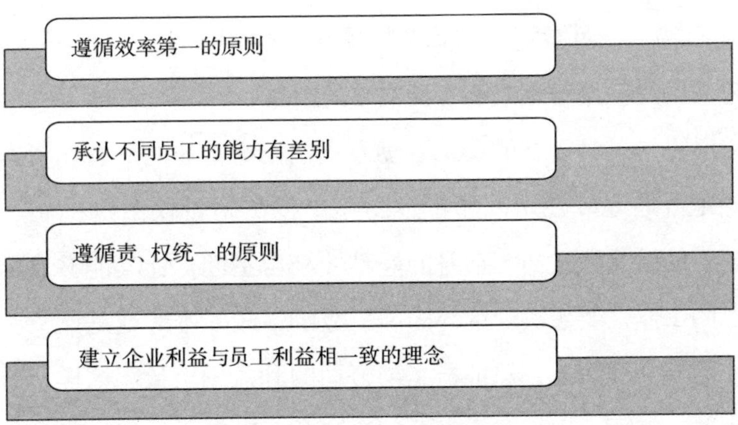

图9－1　设置企业文化的原则

9.2 股权激励把“要员工做”变成“员工自己要做”

股权激励是激励员工的一个重要方式，尤以对员工的长期激励效果最为显著。股权激励实质上是一种通过经营者获得公司股权形式，给予企业经营者一定的经济权利，使他们能够以股东的身份参与企业决策、分享利润、承担风险，从而勤勉尽责地为公司的长期发展服务的一种激励方法。股权激励将公司的利益与员工的利益联系在了一起，员工为公司创造效益，就是在为自己创造效益。所以，股权激励能够把“要员工做”变成“员工自己要做”，对激励员工具有非常显著的作用。

股权激励是激励管理乃至企业文化的创新

股权激励是一种重要的员工激励方式，无论企业的形态和资本结构如何，无论是否是上市公司，都有必要建立和实施股权激励机制。激励员工，最重要的就是激发员工自身的能动性与自主性，让其能够自觉自发地做好自己的工作。要想实现这样的员工激励，最根本的就是让员工与公司始终站在同一个战线上，保证员工与公司的利益相一致。这样，员工为公司创造利益，实际上也是在为自己创造利益。当自己的工作行为关乎自己的利益时，员工才会真正发自内心地想要努力工作。

某家公司为了激励员工，公司决定实行股权激励的方式。对于那些为公司曾经做出过突出贡献的员工，公司决定给予其一定的股票期权。在实行股权激励之前，这些员工的工作状态总是不紧不慢，最多只是按照上司的要求完成工作，绝对不会多做一项工作。但是，当这家公司实行股权激励制度之后，由于公司的效益越好，员工个人所获得的利益也就会越多，所以，这家公司员工的工作积极性有了非常大的提升，员工不再只是完成上司的工作要求即可，而是变得真正会为公司的利益着想，为公司的发展出谋划策。通过股权激励，这家公司不但实现了员工激励，而且整体的效率也有了明显的增加。

由上述案例可以看出，股权激励能够真正让员工与公司统一战线，从而把“要员工做”变成“员工自己要做”，让员工能够自发地为公司的利益着想，为公司的发展而努力。总体来说，股权激励的重要作用体现在以下几个方面，见图9－2。

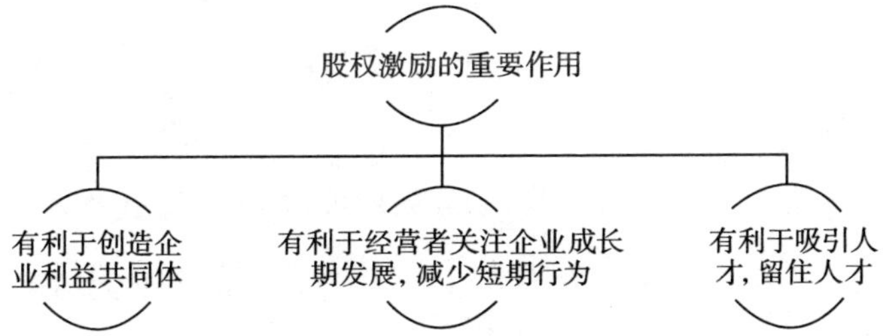

图9－2　股权激励的重要作用

设计好关键要点

股权激励是一个系统的工程，在实行股权激励之前，需要设置好多个关键要点。这些关键要点对于股权激励制度的设置以及最终实行具有非常重要的作用。只有将股权激励的关键要点设置完善，才能有一个完善的股权激励制度。也只有完善的股权激励制度，才能在实际的实施过程中真正发挥其重要作用，为激励员工做出重要的贡献。如果股权激励的关键要点设置不完善，在实行股权激励制度时，就会出现一系列问题，最终影响股权激励的效果。

通常，股权激励的关键要点包括以下内容，见图9－3。

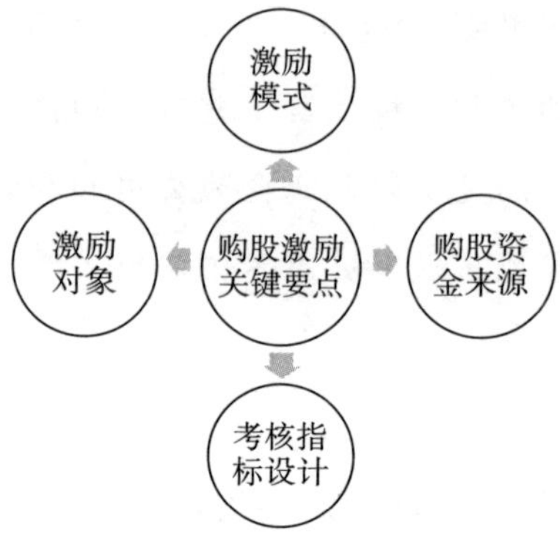

图9－3　股权激励的关键要点

把握股权激励的设计要素

为使股权激励在实际的员工管理中能够发挥出预期的效果，管理者就要把握股权激励的设计要素，通常，股权激励包括以下几个要素：

要素一：激励对象。管理者在设计股权激励的设计要素时，首先要明确股权激励的激励对象。通常，股权激励根据针对的激励对象不同，会有企业经营者（如CEO）的股权激励，也包括普通雇员的持股计划、以股票支付董事报酬、以股票支付基层管理者的报酬等。

要素二：购股以及售股规定。指的是对经理人购买或者出售股权的相关规定。其中，购股规定包括购买价格、期限、数量及是否允许放弃购股等；售股规定则包括出售价格、数量、期限的规定。确定购股以及售股规定，能够有效规范股权激励的过程，防止股权激励由于相关制度不完善而出现问题。

要素三：权利义务。在实行股权激励前，要明确股权激励所涉及到的各个方面的权利以及义务。例如是否享有分红收益权、是否享有股票表决权以及如何承担股权贬值风险等相关权利义务等。只有明确各方面的权利和义务，才能更好地践行股权激励的各项规定，最终保证股权激励发挥其应有的作用。

要素四：股权管理。在实行股权激励时，一个重要的问题就是对股权的管理。只有做好股权管理，才能防止股权激励过程中发生不必要的问题。通常，股权管理主要包括以下几个方面的内容，见图 9－4。

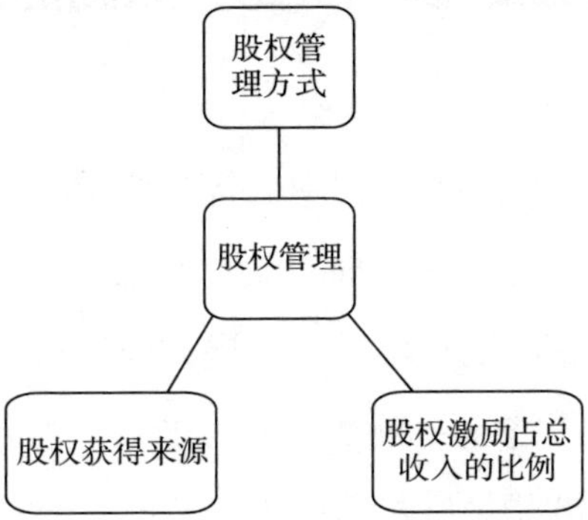

图 9－4　股权管理的内容

要素五：操作方式。包括是否发生股权的实际转让关系、股票来源等。一些情况下，为了回避法律障碍或其他操作上的原因，在股权激励中，实际上不发生股权的实际转让关系。管理者只有确定了股权激励的具体操作方式，才能在具体实行时做到得心应手。

9.3 股权激励的模式决定了激励的效用

在对员工进行股权激励的过程中，首先要明确的一点就是股权激励的模式。股权激励的模式是股权激励的核心问题，对于激励的成效有着直接的决定作用。如果股权激励过程中，选择的股权激励模式不合适，那么公司进行股权激励不但不能起到激励员工的作用，还会给公司自身造成巨大的经济损失。所以，要想做好员工的股权激励，首先要明确股权激励的几种形式，并根据公司自身的实际情况，选择合适的股权激励模式。

1. 实股激励

实打实的股权激励，顾名思义是通过公司实际的股权来激励员工。这一种类的股权激励模式，所激励的员工可以持有公司的实际股权，并且与公司的股东一样，同时享有公司股东的一切权利，见图 9－5。

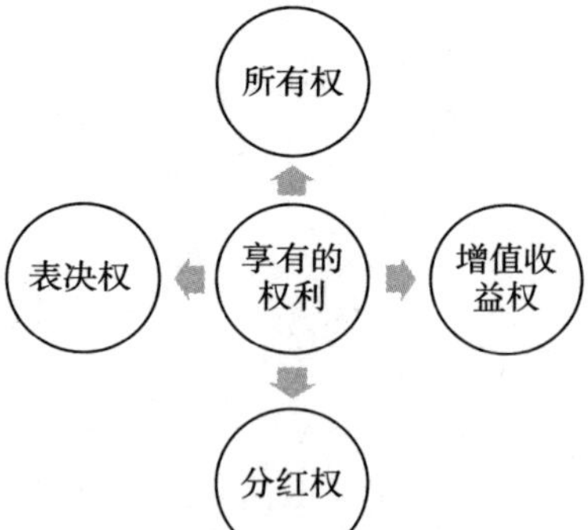

图 9－5 被激励的员工享有的权利

某家互联网公司在对公司实行股权激励时，就采用了实股激励的激励模式。那些工作表现优秀的员工，可以认购公司的股份，成为公司的股东。而这些认购了公司股份的员工，由于自己在公司拥有股份，工作的时候就感觉是在给自己工作，所以工作积极性有了明显的提高。

但是，由于这一类的股权激励模式对于公司的股权结构具有非常直接的影响，所以，在进行这一类股权激励模式时，要非常慎重，以防由于股权激励不当而给公司带来不可预估的损失。

实打实的股权激励从激励模式上来说可以分为员工持股以及管理层收购两种模式，不同的模式所适用的情况不同，并且所起到的股权激励的效果具有明显的区别。

实股的股权激励模式又可以分为两种不同的形式，见图9-6。

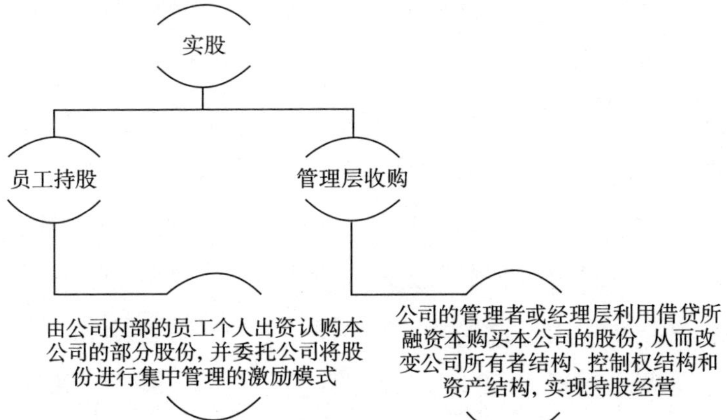

图9-6　实股的股权激励模式

实股激励的优点：

第一，实股的股权激励模式真正体现了劳动者与所有者的双重身份。公司的员工既是劳动者，同时又是管理者。由于员工持股运营，真正让老板与员工站在了一起，能够最大限度地激发员工的积极性。

第二，由于股份的收益能够在短期内兑现，所以可以有效提升员工的工作积极性。

第三，由于员工持有公司的股份，同时承担着一定程度的风险。所以，这样的股权激励模式不但能够激发员工的工作积极性，还能够增强员工的风险意识，更加有利于企业的长期发展。

实股激励的缺点：

如通过员工持股，公司的原有股东对公司的控制权就会在一定程度上被稀释；并且，公司经营者的风险也会相应增加。

2. 虚拟股权激励

虚拟股权不同于公司法项下的实际股权，而是公司股权的虚拟化。公司为激励员工，授予激励对象一种虚拟的股票。被激励的对象可以据此享受一定数量的分红以及股价升值收益。与实际股权激励不同的是，虚拟股权激励的激励对象并没有所有权和表决权，所持有的股票不能转让和出售，并且，一旦被激励的对象离开公司，其所持有的虚拟股份就会自动失效。在虚拟股票持有人实现既定目标条件下，公司支付给持有人收益时，既可以支付现金、等值的股票，也可以将支付等值的股票和现金相结合。虚拟股票是通过其持有者分享企业剩余索取权，将他们的长期收益与企业效益挂钩。可以说，虚拟股激励只是给员工的一个分红的凭证，是给予员工奖金的另一种表现形式。

张先生是一家商贸公司的管理者，为了激励员工，张先生制订了一系列的政策。其中一项就是对员工进行虚拟股权激励。对于那些工作业绩突出的员工，张先生给予了每位员工一定份额的公司虚拟股。获得虚拟股的员工可以享受一定的分红。通过这样的方式，员工的工作积极性大大提升。

虚拟股激励的优点：

第一，由于虚拟股的激励模式并不会对公司实际的股权结构产生影响，所以公司原有股东对公司的控制权就不会被稀释。

第二，虚拟股的激励模式设置灵活，便于公司管理，而员工的收益与公司的业绩挂钩，则更能提升员工的工作积极性，起到激励员工的作用。

虚拟股激励的缺点：

第一，由于公司激励员工时给予员工的并不是公司实际的股份，所以相比实股激励的模式，虚拟股的激励模式的保障性就会降低。

第二，由于被激励员工的分红意愿强烈，公司的现金流压力会相对较大，特别是当公司的股票升值幅度较大时，公司的现金流压力就会变得更大。

3. 期股激励

期股模式是指激励对象按照约定的价格，在某一规定的时期内，在满足一定的绩效条件之后，被激励的对象个人以出资、贷款、奖励、红利等方式获取一定数额的企业股权，股权收益将在中长期兑现的一种激励模式。实行期股激励的激励模式，其激励的对象一定要满足一定的限制性条件才可以实行。如果被激励的对象在当期没有获得公司的股权，则需要在将来的一定期限内分期兑现。

A 公司在对员工进行股权激励的过程中，以公司自身的情况出发，选择了期股激励模式。A 公司制订了一系列的限制条件，对于那些满足限制条件的员工，则可以按照规定获取公司的股权。并且在之后的一段时间内获得收益。通过这样的激励方式，员工对于工作变得更加努力。

期股激励的优点：

在期股激励的激励模式下，经营者可以更加注重公司的长期利益，并且不用一次性支付大量的资金，还可以从中选拔出具有优秀才能的员工，起到激励员工的作用。

期股激励的缺点：

如果公司一旦实行期股激励的激励模式，则经营者就很难在短期内实现收益，并且由于考核的标准无法准确衡量，有可能最终导致期股激励失败。

4. 股权激励模式的交叉使用

上文中提到的实股激励、虚拟股激励以及期股激励是常用的三种股权激励的模式。但是，在实际的激励过程中，通常需要将以上的激励模式相结合使用，才能够将激励效果最大化。将激励模式相结合使用，主要有以下几种结合方式，见图9－7。

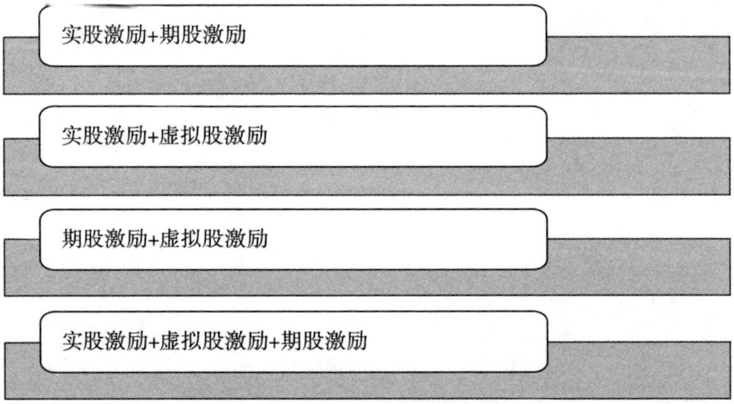

图9－7　激励模式的不同组成形式

华为公司是对员工进行股权激励的一个典型。根据公司不同的发展阶段，华为公司采取了不同的股权激励的模式，见表9－1。

表9-1 华为公司不同发展阶段所进行的股权激励

发展时期	股权激励模式	具体做法	激励效用
创业期	不规范持股	每股一元，以税后利润的15%作为股权分红，员工收入由工资、奖金以及股票分红三部分组成	既实现了内部融资，又实现了员工激励
调整期	期股激励与虚拟股激励结合	根据公司的评价体系，员工获得一定额度的期权，其使用年限为四年，每年兑现额度为25%	实现了员工的长期激励
不稳定期	配股降薪，期股激励与薪酬体系相结合	以内部运动的形式号召公司中层以上员工自愿降薪，大幅度配股	既实现了激励员工，又稳定了员工
稳定期	饱和配股	股票价格每股4.04元，年利率逾6%，涉及范围为工作一年以上的员工	激励了新员工，同时解决了老员工坐享其成的问题

9.4 对不可替代人才的激励额度必须大于他的期望

在企业的发展过程中，对企业的发展做出最大贡献的，往往是企业中不可替代的人才。所谓不可替代的人才，指的是在专业领域拥有专业的技能，能够通过自己的工作技能为企业创造可观利润的人才。这样的人才一旦离开企业，会给企业造成很大损失。所以，对于企业中不可替代的人才，管理者在实行股权激励时，要保证给予这样的人才的激励额度要大于他的期望，坚定其对于企业的忠诚，提升其工作积极性，使其为企业创造更多的利润。

了解不可替代人才的期望

要想通过给不可替代的人才提供大于其期望值的股权激励额度，以达到留住不可替代的人才，并提升其工作积极性的目的，首先要了解他的期望。如果在确定具体激励方式与激励额度之前，没有对员工的实际期望进行调查确定，而是盲目地设置一个激励额度，则有可能由于激励额度不符合员工的期望而影响最终股权激励的效果。

某家著名的互联网公司，实力雄厚。由于互联网行业对现今技术的需求度非常高，所以，对于公司内部一些具有专业技术的员工，这家互联网公司希望通过股权激励的方式提升员工对公司的忠诚度，并提升员工的工作积极性。但是，在实际确定对员工的具体激励额度时，这家互联网公司的管理者却没有事先了解员工的期望，而是根据自己一个人的意愿确定具体的激励额度。但是，实际上，虽然这家互联网公司的管理者认为自己对员工所设置的激励额度已经足够高了，但是却远远低于员工的心理预期。这些拥有专业技术的人才认为自己没有在公司内受到应有的重视，得到应有的待遇，当其他公司向这些员工抛出“橄榄枝”时，好几个员工都选择了跳槽，给这家互联网公司造成了巨大的损失。

在上述案例中，这家互联网公司实力非常雄厚，同时也有通过提升股权激励额度来激励不可替代人才的意愿。但是，却因为没有事先了解员工的期望而出现了失误，影响了整体的股权激励效果。在实际的管理工作中，很多企业存在着同样的问题。所以，在设置对不可替代人才的激励额度时，要首先了解不可替代人才个人的期望值，作为设置具体的激励额度时的重要参考。

采用股票期权制或年薪制激励不可替代人才

股票期权制或年薪制是重要的股权激励方式。相关资料显示，在全球排名前 500 名的大企业中，至少有 89% 的企业对企业中的技术创新者以及高层管理这样的不可替代人才实行了股票期权制。而美国硅谷的企业则普遍采用了这样的制度。采用股票期权制或年薪制这样的激励方式，能够有效地将对不可替代人才的激励额度设置得高于其期望值，从而将股权激励的效果做到最大化。

企业的所有权和经营权的分离会导致一系列问题。在激励公司中不可替代的人才时，采用股权激励可以使这些不可替代的人才成为企业的股东，使企业的所有权和经营权在一定程度上得到了融合。而如果采用年薪制对不可替代的人才进行激励，不但能够保证激励额度高于其自身的期望，还能够增强不可替代的人才对企业的忠诚度，有效防止了人才流失，避免给企业造成人力成本方面的浪费。

股权激励制度向不可替代人才倾斜

要想让股权激励在激励不可替代人才方面起到应有的激励作用，就要在设置股权激励制度中的各种福利时，向企业中的高层稀缺管理人才、科研人才以及销售奇才等不可替代人才倾斜，在企业中提倡高投入、高回报。

只有让不可替代的人才受益，才能通过这一过程体现出人力资本价值，让企业中不可替代的人才感受到企业对自己的重视，从而在工作中提升自身的工作积极性，提升自己在企业中的主人翁意识。

放宽职能体系

在大部分的企业中，都存在一个类似的问题，由于企业的职能体系固定，导致大部分员工都只能严格固定在自己的工作岗位上。员工很难有机会从事其他职位的工作，从而导致组织缺乏弹性。而由于通常在企业中，只有做管理类工作才有提高福利待遇的可能，但是管理类的职位是有限的，从而导致很多有才能的员工发挥能力的机会较少。不仅在工作中不能实现更高更好的发展，福利待遇水平也无法提升。面对这样的情况，很多员工就会选择跳槽。而这样的问题则会给企业造成巨大的人力成本的浪费。

所以，企业要建立公正合理的任职资格评价系统，只有通过任职资格系统为员工的职业发展设置阶梯和跑道，解决员工职位晋升和变换的问题，才能够提升员工的股权激励效果。

9.5 针对员工特点设计个性化股权激励方案

要想股权激励真正发挥出作用，在实行股权激励时，管理者首先要制订合理的股权激励方案。股权激励方案是对股权激励实施的具体规定，具有重要的指导意义。通常，股权激励方案主要包括股份分配、股份与资金来源、激励目的、激励模式、激励对象与考核、股份管理等内容。在不同的目标要求下，所适用的股权激励方案不同。只有选择适合的方案，才能将股权激励的作用最大化。在激励员工时，则可以针对不同员工的不同特点设计个性化的股权激励方案，使股权激励方案与员工个人的特点高度吻合。通常，在针对员工特点设置个性化激励方案时，需要考虑以下几点。

根据三个要素确定股权激励对象范围

在我国企业的现阶段，全员持股的方式并不适用，并且，如果企业中处于不同职位的员工全部使用同样的股权激励方案，也是不合适的。所以，在设计股权激励方案时，首先要确定股权激励对象的范围。当确定好股权激励对象的具体范围之后，才能根据激励对象的具体特点设计合适的股权激励方案。

在确定股权激励对象的具体范围时，主要从以下三个要素分析股权激励对象，见图 9 – 8。

管理者在确定具体的股权激励对象范围时，需要将激励对象与上述三个要素相比对，以图9－8中的三个要素为依据，划分出具体的股权激励对象的范围。

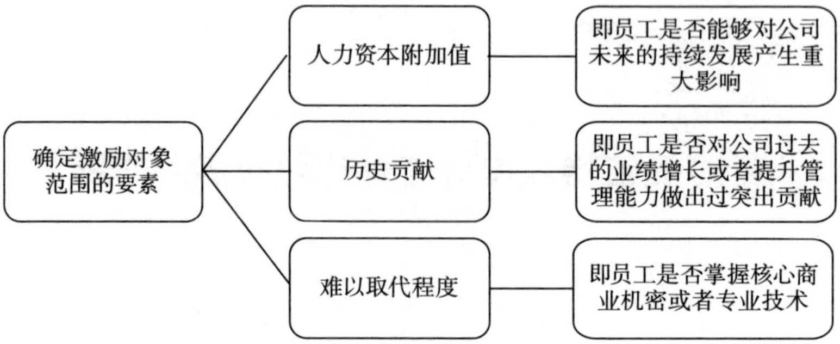

图9－8 确定激励对象范围的三要素

以A公司进行股权激励时确定激励对象具体范围的案例为例。A公司是一家商贸公司，在确定激励对象的具体范围时，A公司的管理者根据人力资本附加值、历史贡献以及难以取代程度三个要素来确定最终的激励对象的范围。在公司初步确定的激励对象中，张琳是企业的中层管理者，在公司工作多年，为公司的发展做出了巨大的贡献，并且，在管理工作中，张琳同样将员工以及各项事务管理得井井有条，是公司的核心成员。经过对张琳的分析，A公司的管理者认为张琳完全符合人力资本附加值、历史贡献以及难以取代程度三个要素，所以将张琳确定为第一层面的激励对象；吴静和刘玲是公司新加入的员工，两人均是掌握尖端技术的人才，对公司未来的发展具有重要的作用。A公司的管理者认为吴静和刘玲的人力资本附加值很高，并且在公司中具有难以取代的作用，符合三要素中的两个要素。所以，最终将吴静和刘玲两人确定为公司第二层面的激励对象。

A公司根据人力资本附加值、历史贡献以及难以取代程度三个要素，对具体的激励对象的范围进行划分，为设计具体的股权激励方案提供了依据。

根据实际业绩确定激励力度

在确定了具体的激励对象的范围之后，根据激励对象的具体特点，就要确定合适的激励力度。不同的激励对象对公司所起到的作用不同，所以，不同的激励对象所适合的激励力度也有着明显的不同。

在根据激励对象的不同确定不同的激励力度时，主要依据激励对象在工作中取得的业绩，这样的业绩包括两个方面，即公司整体的业绩和员工个人的业绩，它们对激励力度都有明显的制约。如果公司整体的业绩非常好，而员工个人在工作中所取得的业绩并不理想，或者是公司整体的业绩和员工个人的工作业绩全部不理想，那么对这样的员工的激励力度就不宜过大；但是，如果公司整体的业绩不理想，而员工的个人工作业绩很突出的话，或者公司整体的业绩和员工个人的工作业绩都非常突出的话，对员工的激励力度就应该相应地加大。

管理者在确定激励对象的具体激励力度时，要以公司整体的工作业绩和员工个人的工作业绩为依据，最终确定合理的激励力度。

选择激励方式时需考虑激励对象的要素

通常，管理者在确定最终的股权激励方式时，需要考虑激励对象的以下几个要素，见图 9－9。

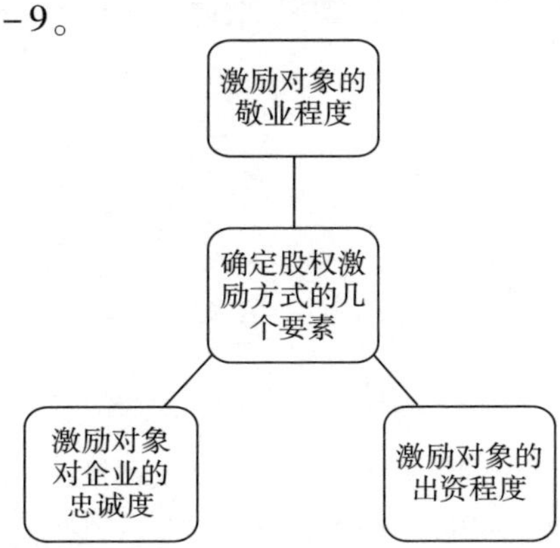

图 9－9　确定股权激励方式的几个要素

管理者根据不同的情况选择合适的股权激励方式。例如，对于企业忠诚度高，工作中非常敬业，并且愿意出资的员工，可以采用实股激励的方式，以使员工体会到当家作主的感觉；而对于不愿出资的员工，采用分红激励和期权激励，以提升员工参与股权激励的积极性。

选择合适的激励标的物，实现双赢

股权激励之所以能调动员工的积极性，其重要的一个原因就是激励对象能够通过自身的工作努力影响激励成果的大小和实现概率。选取恰当的激励标的物，可以实现企业与员工的双赢。

在确定激励标的物时，需要考虑以下几个因素，见图 9 – 10。

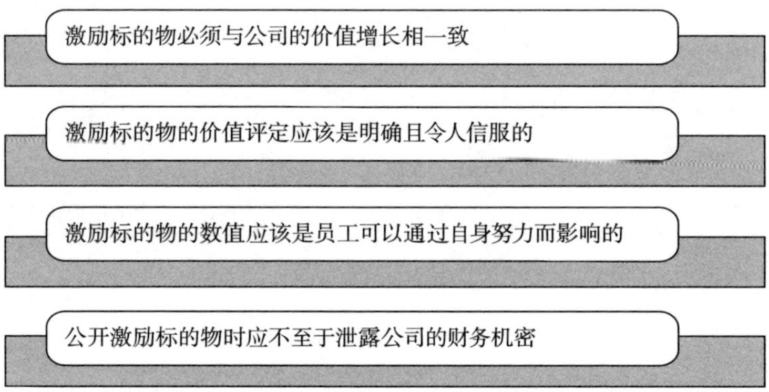

图 9 – 10　确定激励标的物时需要考虑的因素